广西高端智库课题项目（GXZKLM-2020-34）
广西壮族自治区农业科学院基本科研业务专项项目（桂农科2021YT084）

广西乡村振兴

蓝皮书

—— 广西乡村振兴报告2021 ——

广西壮族自治区农业科学院
广西乡村振兴战略研究院 ｜ 编著
广西乡村振兴战略研究会

中国农业出版社
北　京

图书在版编目（CIP）数据

广西乡村振兴蓝皮书：广西乡村振兴报告．2021 / 广西壮族自治区农业科学院，广西乡村振兴战略研究院，广西乡村振兴战略研究会编著．—北京：中国农业出版社，2021.7

ISBN 978-7-109-28478-4

Ⅰ.①广…　Ⅱ.①广…　②广…　③广…　Ⅲ.①农村—社会主义建设—研究报告—广西—2021　Ⅳ.①F327.67

中国版本图书馆 CIP 数据核字（2021）第 129487 号

中国农业出版社出版

地址：北京市朝阳区麦子店街 18 号楼

邮编：100125

责任编辑：姚　红　文字编辑：潘洪洋

版式设计：杜　然　责任校对：周丽芳

印刷：北京中兴印刷有限公司

版次：2021 年 7 月第 1 版

印次：2021 年 7 月北京第 1 次印刷

发行：新华书店北京发行所

开本：700mm×1000mm　1/16

印张：10.75

字数：150 千字

定价：68.00 元

本书编委会

主　编　林树恒

副主编　许忠裕　杨景峰　陆　涛　黎丽菊

编　委（按姓氏笔画排序）

邓国仙　吴广丽　汪羽宁　张　棵

陈玉冲　罗永端　容建波　黄若琪

黄艳芳　梁玲玲

特约撰稿人（按姓氏笔画排序）

王　鹏　龙宜楠　付玉春　白春明

刘　康　岑　敏　张天柱　陈飞旭

周静华　莫丽君　徐艺锢　黄钰涵

蒋　维　谢国强

习近平总书记强调，从中华民族伟大复兴战略全局看，民族要复兴，乡村必振兴。党的十八大以来，以习近平同志为核心的党中央驰而不息重农强农，坚持"三农"工作重中之重战略地位，大力推进农业发展、农民增收和农村繁荣。特别是党的十九大把乡村振兴作为国家战略部署推进以来，全国上下深入贯彻落实习近平新时代中国特色社会主义思想，把实施乡村振兴战略作为"三农"工作的总抓手，建立健全实施乡村振兴战略的工作机制和政策体系，大力实施农村人居环境整治三年行动等重大举措，全面推进脱贫攻坚与乡村振兴有效衔接。刚刚过去的"十三五"时期，广西同全国一样，农业农村发展取得新的历史性成就，在稳定经济社会发展大局中发挥了压舱石作用；脱贫攻坚全国主战场的目标任务如期完成，为广西与全国同步全面建成小康社会提供了最有力保障；乡村振兴实现良好开局，为进入"十四五"新发展阶段全面推进乡村振兴奠定了坚实基础。

"十四五"时期，是乘势而上开启全面建设社会主义现代化国家新征程、向第二个百年奋斗目标进军的第一个五年，"三农"工作的重心已经由脱贫攻坚全面转向乡村振兴。党的十九届五中全会、中央1号文件、中央农村工作会议作出优先发展农业农村、全面推进乡村振兴的战略部署，指出新发展阶段"三农"工作依然极度重要，强调坚持把解决好"三农"问题作为全党工作的重中之重，巩固拓展脱贫攻坚成果同乡村振兴有效衔接，加快推进实现农业农村的全面现代化。

《广西乡村振兴蓝皮书 广西乡村振兴报告2021》是广西壮族自治区农业科学院、广西乡村振兴战略研究院、广西乡村振兴战略研究会组织实施和重点推出的"乡村振兴蓝皮书系列"项目，也是广西高端智库课题项目（GXZKLM－2020－34）和广西壮族自治区农业科学院基本科研业务专项项目（桂农科2021YT084）的研究成果，旨在通过发布蓝皮书的形式为广西经济社会发展和乡村振兴提供助力和支撑。本书聚焦"十四五"发展这一主题，由综合篇、专题篇、调研篇、典型篇四个大部分13篇报告组成，回顾了广西农业农村改革与发展主要领域"十三五"时期的成效，分析了当前面临的形势，展示了基层探索的实践，也有对"十四五"时期发展作出的建议。本书在编著过程中，汇集了广西壮族自治区农业科学院、广西水产畜牧学校、广西农业职业技术学院、广西农业干部学校、中国农业大学农业科学规划研究所等单位的专家学者共同参与；其中，为提升本书的专业指导价值和决策参考价值，专题篇的7篇文稿均来自自治区党委农办、自治区农业农村厅、自治区决策咨询委员会办公室等业务主管部门的专家征稿，调研篇中有1篇文稿来自中国农业大学农业科学规划研究所的专题调研。

本书的顺利完成与有关部门、专家学者以及各界有识之士的大力支持密不可分，也吸收和借鉴了大量前人的研究成果。在此特别致以衷心的感谢。由于时间仓促、水平有限以及资料收集难度较大，书中难免存在疏漏和不足之处，恳请广大读者提出宝贵意见。

Contents 目 录

前言

Ⅳ　典型篇

I 综合篇

广西乡村振兴蓝皮书
广西乡村振兴报告2021

广西乡村振兴发展报告

一、广西推进乡村振兴战略的进展成效

（一）打赢精准脱贫攻坚"一场决战"，确保全面建成小康社会的成色

2020 年是精准脱贫攻坚的决战决胜之年，广西作为全国脱贫攻坚主战场，以最强的政治保障、最强的责任心、最强的力度继续打好、确保打赢精准脱贫攻坚这一场决战，以脱贫的质量确保全面建成小康社会的成色。

1. 脱贫攻坚任务如期完成。一是 2020 年引导新投入扶贫资金 5 641.6 万元，实施重点项目建设 273 项，新增和硬化道路 59.43 公里，建设公共服务设施项目 73 个，完成 526 户住房保障和 259 座水柜项目建设，剩余定点帮扶 18 个贫困村和突击支援 10 个深度贫困村全部如期实现脱贫摘帽。二是广泛开展消费扶贫行动，积极推动扶贫产品进机关企业、进单位食堂、进高速公路服务区、进机场、进商超酒店，设立消费扶贫专区、专柜 112 个，举办第三届广西国企扶贫农产品展销会，整合企业电商平台构建销售网络，帮助贫困地区销售农产品超 4.48 亿元，采购贫困地区农产品约 1.78 亿元，以促进扶贫产品销售助力贫困地区群众持续增收。三是结合企业用工需求推进就业扶贫，组织企业积极参与"国聘行动"，结合用工需求统筹 2 000 多个就业岗位优先面向深度贫困村，2020 年企业在贫困地区用工 24 278 人。四是加强城乡困难群众救助兜底，2020 年全区 32.9 万城

镇困难群众脱困解困。2020年11月20日，广西现行标准下634万建档立卡贫困人口全部脱贫、5 379个贫困村全部出列、8个国家扶贫开发工作重点县如期脱贫、54个贫困县全部摘帽，脱贫攻坚取得决定性胜利。

2. 脱贫攻坚成果有效巩固。一是严格落实"四个不摘"。督促脱贫摘帽县村落实脱贫攻坚责任，确保不留"锅底"。保持政策、资金、帮扶力量稳定，做到频道不换、力度不减、工作不断。二是发展壮大扶贫产业。重点支持县级"5＋2"、村级"3＋1"特色产业发展，实现产业覆盖率达97.03％、新型农业经营主体或产业示范基地对贫困村全覆盖，全区累计426万建档立卡贫困人口通过产业实现增收。三是落实防贫监测和帮扶救助政策。将不稳定户2.55万户10.35万人、边缘易致贫户4万户14.7万人纳入扶贫信息系统进行监测，对两类监测对象进行因户因人施策，已有脱贫不稳定户1.42万户5.8万人、边缘易致贫户2.14万户7.6万人解除返贫致贫风险；在506个易地扶贫搬迁集中安置点对搬迁户实行"园区化"就业、"市民化"生活、"社区化"管理，16.06万户有劳动能力且有就业意愿的搬迁贫困户每户至少有1人实现就业；继续加大各类民政政策资金项目向深度贫困地区和贫困群众倾斜力度，将全区符合条件的175万建档立卡贫困人口纳入农村低保。

3. 贫困村集体经济加快发展。继续强化对财税、金融、土地、项目等方面的支持，着力破解村级集体经济发展的短板弱项，全面消灭了集体经济"空壳村"。特别是重点做好土地流转、清理规范承包合同、发展物业经济、推进产业发展、推广农业保险、加强产供销一体服务、建强经营管理队伍等"七篇文章"，推动村级集体经济从"重数量"向"提质量"转变。2020年，如期完成了集体资产清产核资工作和第四批全国农村集体产权制度改革试点20个地区的试点任务；加快推进村级集体经济组织登记赋码，全区1.5万个参与改革的行政村100％成立新型集体经济组织并进行了登记赋码，领到了全国统一、共有18位数的社会信用代码，成为合法的市场经营主体，共确认农村集体经济组织成员 3 305.8 万人，量化资产总额 176.79 亿元。"十三五"期间，广西贫困村集体经济加快发展，涌现出一批改革典型；其中，平南县、荔浦市被中央农办、农业农村部列为全国农村集体产权制度改革典型，平南县景华村、梧州市长洲区泗洲村等 6 个村被推荐为全国改革典型村。

（二）抓好"美丽广西"乡村建设八年活动、农村人居环境整治和乡村风貌提升三年行动"两个收官"，擦亮山清水秀生态美的底色

围绕生态宜居和美丽乡村建设，广西在党的十八大以后的八年里（2013—2020 年）大力开展了"美丽广西"乡村建设活动，在党的十九大以后又大力推进农村人居环境整治和乡村风貌提升三年行动（2018—2020 年），使得农村生产生活生态条件极大改善，擦亮了山清水秀生态美的底色。

1. 农村环境卫生大幅提升。 全区共建成乡镇垃圾中转站 938 座、村级垃圾处理设施 1 651 个，完成 275 个非正规垃圾堆放点整治销号，农村保洁员队伍稳定在 17 万人以上，对生活垃圾进行处理的行政村比例保持在 95% 以上；全区建制镇污水处理设施覆盖率超过 80%，陆川县、恭城瑶族自治县 2 个全国农村生活污水治理示范县创建工作基本完成；农村"厕所革命"超额完成改厕目标任务，首创农村厕所粪污处理利用"三个两"模式和农村黑灰污水治理广西模式，得到农业农村部的肯定。

2. 农村基础设施得到增强。 实施乡镇基础设施和公共服务提升工程，把乡镇建成服务农民的区域中心。促进搬迁群众安居乐居，全区 145 个人口规模 800 人以上安置点均集约建设了水、电、路、广电网络等配套设施和生活设施，并完成建设便民利民"九个中心"服务工程［含社区综合服务中心（站）、"就业社保服务中心"］。加大对乡村基础设施和公共服务的投入力度，落实重大水利项目、水生态和中小河流治理项目、石漠化治理项目、农村饮水安全巩固提升工程等农

口项目57.96亿元，落实支持义务教育学校建设、县级医院等建设项目16.59亿元。统筹县域城镇和村庄规划建设，推进"多规合一"实用性村庄规划，在全国率先研发推广村庄规划征求意见App，率先出台乡村规划师挂点服务方面的办法。

3. 乡村风貌提升工作扎实推进。大力开展"三清三拆"环境整治，完善村庄道路、污水垃圾处理设施等基础设施和公共服务设施，开展精品农房、精致环境、精彩文化、精美乡村旅游、精心产业发展等示范性村庄建设，高标准建设"两高两道"沿线乡村风貌提升示范带，推动乡村风貌提升。全区6.22万个村庄开展了"三清三拆"整治，在南宁、桂林、崇左等3市8县（区）17个乡（镇）推进农房管控试点，2020年共完成乡村风貌提升基本整治型村庄1.015万个、设施完善型村庄406个、精品示范型村庄82个，广大农村地区"有新房没新村、有新村没新貌"问题得到极大改善，基本实现对全区村庄风貌整治"扫一遍"的目标，逐步塑造和形成了"传承文明、桂风壮韵、生态宜居、和谐美丽"的乡村风貌。

（三）推进产业、乡风、治理"三个提升"，夯实全面推进乡村振兴的基础

在实施乡村振兴战略中，广西大力实施特色农业强优工程、文化繁荣兴盛工程、治理能力提升工程，抓重点、补短板、强弱项，推进实现产业、乡风、治理"三个提升"，促进乡村振兴全面协调发展。

1. 乡村产业加快优化提升。一是传统产业稳步发展。2020年，全区粮食再获丰收，粮食种植面积280.6万公顷，总产量1 370万吨，其中早稻面积、产量增幅均排全国第3位；经济作物平稳较快发展，园林水果总产量2 461.11万吨、比上年增长15%，蔬菜（含菌类）产量3 830.77万吨、比上年增长5.4%，桑园面积20.67万公顷、比上年增长4.8%，蚕茧产量37.4万吨、比上年下降0.6%，茶叶产量8.84万吨、比上年增长6.3%，中药材种植面积11.25万公顷、比上年增长8.7%；生猪产能持续恢复，年末生猪存栏1 828.3万

头、比上年末增长 14.3%；牛羊和禽类养殖势头良好，牛肉产量 13.6 万吨、比上年增长 9.7%，羊肉产量 3.6 万吨、比上年增长 5.3%，禽肉产量 179.9 万吨、比上年增长 10.5%；渔业产业总体保持平稳，水产品产量 343.96 万吨、比上年增长 1.1%。二是加工及冷链高速发展。大力实施农产品加工业提升行动，建设自治区、市、县三级农产品加工集聚区 120 个，初步形成了蔗糖、粮油、果蔬、现代中药、畜禽产品、水产品等一批特色农产品加工产业带；大力培育加工型经营主体，全区注册登记的各类农产品加工企业达到 6 万家，规模以上农产品加工业主营业务收入由 2010 年的 2 322 亿元增长到 2019 年的 3 495.7 亿元，2020 年首次评选出广西农产品加工 100 强企业；2020 年首次大规模组织农产品仓储保鲜冷链设施项目建设，落实中央资金 2.79 亿元，实施项目建设 430 个。三是一二三产业融合发展。加大农业与文化旅游融合，新创 50 个自治区级休闲农业和乡村旅游示范点，全区已累计打造 263 个，有 14 个县获评国家级休闲农业和乡村旅游示范县、41 个村获评中国美丽休闲乡村；2020 年，全区休闲农业和乡村旅游从业人员超过 60 万人，带动农户就业超过 50 万户，接待游客预计超过 1.2 亿人次，产业总收入超过 400 亿元。四是农业园区建设加快推进。全区累计创建国家农村产业融合示范园 9 个、国家特色农产品优势区 13 个；共认定现代特色农业示范区（园、点）13 851 个，其中自治区级核心示范区 339 个；争创国家级现代农业产业园 4 个、国家级农业产业强镇 27 个。

2. 乡风文明实现持续提升。一是大力推进农村精神文明建设。深入开展文明村镇、文明家庭、文明校园、星级文明户等创建活动，组织志愿服务队深入农村开展助学、助困、医疗、文化宣传、文艺演出等志愿服务，引导农村地区树立健康科学文明的生活理念，推进移风易俗，弘扬新风正气；深入开展思想道德教育，建立道德讲堂，鼓励道德模范、创业先进代表走上讲堂，带动农民群众提升思想道德水平；深入开展文明实践活动，各地文明实践中心（所、站）已开展相关活动达 20.48 万场次，有效发挥了平台凝聚人心、鼓舞士气、提升

素养的积极作用。二是强化乡村公共文化基础建设。加快公共文化服务重心下移、资源下沉，推动实现文化活动场所、健身器材"镇、村、屯、校"全覆盖；建立城乡服务联动机制，依托文化科技"三下乡"，大力开展流动文化服务，推动城乡文化协同发展、共享繁荣；积极开展古镇、古村落民间文化保护工作，大力推进地方特色文化名镇名村建设工作，全面实施非物质文化遗产保护；推进实施农村地区传承工艺项目振兴计划，促进传统工艺与文化创意产业融合发展。三是加大乡村文化建设投入力度。2020年，共下达文化事业经费1.89亿元，协调自治区本级财政补助贫困地区1.72亿元，新建一批县级图书馆、文化馆、博物馆和新建改扩建一批乡镇综合文化站，不断提升乡村文化和公共服务设施水平。

3. 乡村治理得到有效提升。 认真贯彻落实2020年中央1号文件关于创新现代乡村治理手段、进一步提升乡村治理信息化水平的部署要求，探索走出以"智治"引领乡村治理能力和治理体系现代化的特色路子。一是建设智慧乡村，不断夯实乡村"智治"基础条件。结合"智慧党建""广电云""村村通户户用工程"和"雪亮工程"等数字广西建设，开展涉及通信设施、网络技术、社会服务、治安管控等方面综合建设，深入实施百兆光纤进农村工程，提升乡村信息基础水平。二是整合平台资源，协调推动乡村"智治"信息共享。推进部门信息系统一平台整合、社会服务管理大数据一口径汇集，整合运用好"腾讯为村"平台的"党务、村务、商务、服务"四务合一数字乡村治理中心，以及中国电信"村村享"平台的智慧党建、应急指挥、精准扶贫、政务公开、便民服务、乡村特色等六项功能，切实解决乡村治理中的实际问题。三是创新体制机制，健全完善乡村"智治"工作体系。以乡村群众需求为导向，结合乡镇机构改革，积极探索建立适应全区乡村"智治"需求的基层治理新体系新机制，着力推动乡镇政务服务一窗办理，打通服务群众"最后一公里"，构建形成以党组织为领导、其他组织为依托的社会治理机制；在有条件的乡村开展形式多样的数字乡村治理实践探索，充分利用社会资源，挖掘和培育各类数字治理平台，进一步推进乡村治理信息化。

二、广西乡村振兴发展的基本态势

（一）阶段性目标的完成度

《广西乡村振兴战略规划（2018—2022 年）》围绕"产业兴旺、生态宜居、乡风文明、治理有效、生活富裕"的总要求，提出了 27 项指标。以《广西乡村振兴战略规划（2018—2022 年）》的 27 项指标作为评价指标体系，采用目标完成率对广西实施乡村振兴战略的规划目标完成程度进行综合分析，其中 2020 年广西完成的基础数据来源于广西壮族自治区发展和改革委员会、广西壮族自治区农业农村厅。

1. 对比规划目标的 2020 年指标值。2020 年目标（预期）完成率达到 100% 的分指标有 24 个，占全部分指标的 89%。仅有产业兴旺中"休闲农业和乡村旅游接待人次"、治理有效中"村庄规划管理覆盖率"和"村党组织书记兼任村委会主任的村占比"等 3 项分指标未达到目标值（表 1）。

表 1　《广西乡村振兴战略规划（2018—2022 年）》主要指标完成情况

分类	序号	具体指标	单位	2020 年规划目标值	2022 年规划目标值	2020 年完成情况（预期）
产业兴旺	1	粮食综合生产能力	万吨	1 467.7	1 467.7	1 500
	2	农业科技进步贡献率	%	50	52	50.5
	3	农业劳动生产率	万元/人	2.2	2.6	2.2
	4	主要农作物耕种收综合机械化率	%	65	68	65
	5	农产品加工产值与农业总产值比	—	1.55	1.59	1.55
	6	休闲农业和乡村旅游接待人次	亿人次	3.69	4.68	2.76
	7	各类新型农业经营主体	万家	7	8	7
	8	自治区级以上现代特色农业示范区	个	300	≥300	≥339

（续）

分类	序号	具体指标	单位	2020 年规划目标值	2022 年规划目标值	2020 年完成情况（预期）
生态宜居	9	畜禽粪污综合利用率	％	＞75	＞78	＞75
	10	村庄绿化覆盖率	％	32	33	39.8
	11	对生活垃圾进行处理的村占比	％	＞95	＞96	＞95
	12	农村（无害化）卫生厕所普及率	％	＞90	＞90	＞90
乡风文明	13	村综合性文化服务中心覆盖率	％	96	100	99
	14	县级及以上文明村镇占比	％	＞60	＞60	＞60
	15	有体育健身场所的村占比	％	100	100	100
	16	农村义务教育学校专任教师本科以上学历比例	％	37	38	41.5
	17	农村居民教育文化娱乐支出占比	％	6.5	7.5	12～13
治理有效	18	村庄规划管理覆盖率	％	100	100	20
	19	有综合服务站（中心）的村占比	％	100	100	100
	20	村党组织书记兼任村委会主任的村占比	％	35	50	23.85
	21	有村规民约的村占比	％	100	100	100
	22	集体经济强村占比	％	2	2.5	2
生活富裕	23	村年集体经济收入	万元	5	＞5	5
	24	农村居民恩格尔系数	％	30.7	29.7	30.5
	25	城乡居民收入比	—	2.57	2.49	2.49
	26	农村自来水普及率	％	＞80	＞82	85
	27	具备条件的建制村通硬化路的比例	％	100	100	100

2. 对比规划目标的 2022 年指标值。 2020 年目标（预期）完成率达到 100％的分指标有 14 项、占分指标总个数的 51.9％，完成率在 60％～100％的有 10 项、占分指标总个数的 37.0％，完成率低于

60％的有 3 项、占分指标总个数的 11.1％（表 2）。

表 2　2020 年广西乡村振兴战略规划进展评价指标体系分析

目标任务完成率（X）	指标项数		指标名称
X＝100％	2	产业兴旺	粮食综合生产能力、自治区级以上现代特色农业示范区
	2	生态宜居	村庄绿化覆盖率、农村（无害化）卫生厕所普及率
	4	乡风文明	有体育健身场所的村占比、县级及以上文明村镇占比、农村义务教育学校专任教师本科以上学历比例、农村居民教育文化娱乐支出比
	2	治理有效	有综合服务站中心的村占比、有村规民约的村占比
	4	生活富裕	村年集体经济收入、城乡居民收入比、农村自来水普及率、具备条件的建制村通硬化路的比例
60％≤X＜100％	5	产业兴旺	农业科技进步贡献率、农业劳动生产率、主要农作物耕种收综合机械化率、农产品加工产值与农业总产值比、各类新型农业经营主体
	2	生态宜居	畜禽粪污综合利用率、对生活垃圾进行处理的村占比
	1	乡风文明	村综合性文化服务中心覆盖率
	1	治理有效	集体经济强村占比
	1	生活富裕	农村居民恩格尔系数
X＜60％	1	产业兴旺	休闲农业和乡村旅游接待人次
	2	治理有效	村庄规划管理覆盖率、村党组织书记兼任村委会主任的村占比

其中，目标（预期）完成率高（X＝100％）的 14 项分指标中，产业兴旺 2 项、生态宜居 2 项、乡风文明 4 项、治理有效 2 项，生活富裕 4 项；目标（预期）完成率较高（60％≤X＜100％）的 10 项分指标中，产业兴旺 5 项、生态宜居 2 项、乡风文明 1 项、治理有效 1 项、生活富裕 1 项；目标（预期）完成率较低（X＜60％）的 3 项分指标中，产业兴旺 1 项、治理有效 2 项，治理有效的"村庄规划管

理覆盖率"完成率最低，仅为20%。

3. 小结。结合广西实施乡村振兴战略的规划目标完成程度分析，从总体看，广西推进实施乡村振兴战略进展顺利，统筹推进乡村产业兴旺、生态宜居、乡风文明、治理有效、生活富裕等取得了明显成效，阶段性目标的完成度较高，有14项分指标已经提前实现2022年规划目标，有10项分指标已经接近或有望提前实现2022年规划目标，有24项分指标达到或超过2020年规划预期进度；从分项看，治理有效的推进进展与规划目标还有较大差距，5项分指标中有2项未达到或超过2020年规划预期进度，其中分指标"村党组织书记兼任村委会主任的村占比"未达预期进度主要是受村"两委"任期及换届时间影响，且在2021年村"两委"换届后有望达到，分指标"村庄规划管理覆盖率"要对标完成规划目标有一定困难。

（二）面临的挑战

1. 稳定粮食生产仍有压力。"十三五"期间，广西粮食播种面积保持在274.70万公顷与302.36万公顷之间，粮食总产量保持在1 332.0万吨与1 521.3万吨之间（表3）。但受城镇化快速扩张、自然灾害频发、农村青壮年劳动力转移就业等多重因素影响，稳定粮食面积和产量的难度逐年加大，"十三五"的五年间粮食播种面积和总产量有四年呈减少态势，保持粮食生产稳定的压力较大。

表3　"十三五"期间广西粮食播种面积和总产量情况

指标	2016年	2017年	2018年	2019年	2020年
播种面积（万公顷）	302.36	297.62	280.21	274.70	280.60
总产量（万吨）	1 521.3	1 467.7	1 372.8	1 332.0	1 370.0

2. 农业结构性矛盾仍然突出。香蕉、西瓜、荔枝等大宗农产品时常面临"卖难"问题，蔬菜价格波动较大，糖料蔗面临种植面积持续缩减与综合产能仍需提升的双重挑战，饲料用粮供需缺口进一步扩大，确保供给总量与结构平衡的难度加大。恢复生猪生产难度不小，

一方面境外非洲猪瘟疫情频发，传入风险依然较大；另一方面畜牧业发展短板没有明显改善，养殖用地落实仍有难度，中小养殖企业（户）"融资难"问题仍不同程度存在，种猪量缺价高等影响生猪恢复生产。品牌农业建设与农业大省区地位不符，缺少在全国叫得响的品牌，农产品市场知名度和产业整体竞争力不强。

3. 产业融合发展程度有待提高。广西农产品加工还处于初级阶段，大宗水果、蔬菜等农产品预冷保鲜能力不强，精深加工产业化程度仍然较低，2020 年全区农产品加工率 65％左右，农产品加工业产值与农业总产值比为 1.55：1，与全国 2.4：1 的平均水平相比差距较大。此外，乡村旅游、生态康养、农耕研学教育、乡村民宿等农文旅融合的新产业，以及农村电商、智慧农业、数字农业等"信息化＋农业现代化"的新业态，总体规模都还比较小，辐射带动能力还不强。

4. 科技支撑农业发展能力有待加强。农业科技创新人才不足，特别是领军人才、高端人才尤为缺乏，基层农技推广人才结构性矛盾突出；农业科技成果转化率较低，产学研合作成效不高，科技型农业龙头企业数量不多且综合实力有限；种业创新有待进一步加强，作为农业大省区，广西选育的品种数量虽多，但具有突破性的品种少，自主培育的粮食作物、水果、蔬菜、肉猪、肉牛、水产等新品种严重不足。2019 年广西农业科技进步贡献率只有 48.7％，低于全国平均水平 10.5 个百分点。

5. 农村基础设施、公共服务和乡村治理仍然薄弱。农田有效灌溉能力不足，设施农业装备水平偏低，抗灾减灾能力不强。村屯规划亟待加强，村庄生产生活生态空间布局散落且土地资源浪费较多，农村人居环境还需持续改善提升，农村公共基础设施管护机制有待健全完善，农村文化、体育、娱乐、休闲等基础设施和公共服务不足，乡村建设需要进一步全面提升"形、实、魂"。乡村治理能力仍然不足，基层干部队伍能力素质有待提高，村级民主自治有待完善。

6. 巩固脱贫攻坚成果任务艰巨。广西作为后发展欠发达地区和全国脱贫攻坚主战场，脱贫地区涉及面广、量大，且大多数脱贫地区由于长期发展滞后，仍然存在基础相对薄弱、自我发展能力不强等问题，巩固拓展脱贫攻坚成果的任务很重。特别是部分脱贫地区的产业虽然已经培育起来，但是技术、资金、人才、市场等支撑还不强；大部分脱贫群众收入还处在相对较低的水平，就业还不稳定，还有不少收入仅略高于贫困线的边缘户，如果遇到波动或冲击，有可能返贫或致贫。

（三）迎来的机遇

1. 政策红利深度释放带来的机遇。 党的十九大以来乡村振兴制度框架基本形成、政策体系基本建立，加上"三农"工作重心从脱贫攻坚转向全面推进乡村振兴和加快农业农村现代化后，减贫工作体系和政策体系将向乡村振兴全面过渡，"十四五"时期全面实施乡村振兴战略的政策力度将显著增强、政策红利将深度释放，为推进乡村"形、实、魂"的全面振兴注入强劲的动力。此外，中央和广西先后出台了扩大农业农村有效投资加快补上"三农"领域突出短板的政策文件，自治区力争"十四五"规划的前三年累计投资超1万亿元，重点推动粮食安全保障工程、特色产业增效工程、现代农业园区升级工程等10大工程，这些都为广西乡村振兴创造了更好的机遇条件。

2. 开放优势逐步显现带来的机遇。 广西有着沿边、沿海、沿江、面向东盟的开放发展特殊区位，随着近年来加快打造"南向、北联、东融、西合"全方位开放发展新格局，以及西部陆海新通道上升为国家战略，"十四五"时期广西构建面向东盟的国际大通道、打造西南中南地区开放发展新的战略支点、形成"一带一路"有机衔接的重要门户的"三大定位"，在全国开放发展大局中的战略地位将进一步提升，给广西乡村振兴带来了更大的发展机遇。

3. 融合发展不断深入带来的机遇。 当前，信息化、工业化和城镇化快速发展，一系列新技术、新手段融入农业农村发展之中，与农业生产经营、农村生态生活深度融合，一二三产业融合发展加速了产业链供应链变革，城乡融合发展拓展了农村生产生态生活空间，给广西乡村振兴带来了更大的发展机遇。

4. 社会力量大批涌入带来的机遇。实施乡村振兴战略以来，大量工商资本下乡入乡，包括央企、国企、湾企和台商在内的区外资本在广西投资不断扩大，在发展精致农业、水产养殖、农产品加工、休闲旅游、乡村风貌提升等方面落地了大批优质项目，特别是在脱贫攻坚中粤桂扶贫协作成效明显，社会力量广泛参与贫困地区产业扶贫和乡村建设。社会力量进入农业农村领域，具有资本投入大、技术水平高、经营能力强等特点，在向城乡居民供给优质农产品、休闲旅游、农业观光等产品与服务上具有明显的优势，给广西乡村振兴带来了更大的发展机遇。

三、"十四五"时期推进乡村振兴的重点与展望

（一）巩固拓展脱贫攻坚成果同乡村振兴有效衔接

习近平总书记在决战决胜脱贫攻坚座谈会上，强调"脱贫摘帽不是终点，而是新生活、新奋斗的起点"，提出"要接续推进全面脱贫与乡村振兴有效衔接，推动减贫战略和工作体系平稳转型，统筹纳入乡村振兴战略，建立长短结合、标本兼治的体制机制"。党的十九届五中全会审议通过的《中共中央关于制定国民经济和社会发展第十四个五年规划和二○三五年远景目标的建议》中明确提出，要"实现巩固拓展脱贫攻坚成果同乡村振兴有效衔接"。打赢脱贫攻坚战是全面建成小康社会的底线任务，巩固拓展脱贫攻坚成果同乡村振兴有效衔接是进入全面推进乡村振兴新征程的首要任务。

1. 推动减贫战略和体系向乡村振兴平稳转型。"十四五"时期是实现全面建成小康社会目标后迈向全面建设社会主义现代化国家新征程承上启下的关键时期，也是全面脱贫与全面推进乡村振兴有效衔接和平稳转型的过渡时期。"十四五"期间，要着力解决好推进脱贫地区持续发展和防止返贫问题，关键就是要推动减贫战略和体系向乡村振兴平稳转型。一是要保持衔接过渡期总体政策稳定，严格落实"四

个不摘"要求,把健全防止返贫监测帮扶机制纳入"十四五"规划和乡村振兴框架下统筹实施,强化易地搬迁后续帮扶工作,实现现有帮扶政策、资金支持、帮扶力量的总体稳定,接续推进脱贫地区发展。二是建立全面支持乡村振兴的政策和工作体系,把推进"五个振兴"作为巩固拓展脱贫攻坚成果的根本路径,切实抓好产业扶贫与产业振兴、人才帮扶与人才振兴、扶志扶智与文化振兴、生态扶贫与生态振兴、抓党建促脱贫与组织振兴等五个方面衔接,加快构建"后队"加速赶上、"前队"示范引领的全局统筹、全域振兴机制,科学推进北部湾经济区、西江经济带以及左右江革命老区、民族地区、边境地区、贫困地区的乡村发展和梯度有序振兴。三是建立集中支持乡村振兴重点帮扶县机制,引导社会力量继续积极参与脱贫地区的乡村振兴发展,选择一批试点县开展乡村振兴重点帮扶。四是推动粤桂扶贫协作转向粤桂乡村振兴协作,在全国探索实践出东西部乡村振兴协作机制新典范。

2. 促进脱贫地区乡村特色产业提质增效。脱贫攻坚期间培育发展起来的扶贫产业,既是确保如期脱贫的重要支撑,也是脱贫攻坚期结束后欠发达地区乡村振兴的重要基础。要把提高扶贫产业的可持续性纳入推进乡村产业振兴的重要工作范畴,着力解决扶贫产业普遍存在的同质化、产业链短、市场化程度不高等发展瓶颈,提升发展形成高质量、高效率、可持续、有优势的乡村产业体系。要继续推行"5＋2""3＋1"特色产业发展模式,促进脱贫地区县级"5＋2"、村级"3＋1"特色产业提档升级,并进一步把"5＋2""3＋1"特色产业清单向全区111个县(市、区)全覆盖,以"5＋2""3＋1"来优化县域产业布局和打造县域产业优势,构建形成"县有支柱产业、村有主导产业、户有致富项目"的全区乡村产业振兴大格局。

3. 持续提高农民增收水平。建立低收入群体更多分享产业增值收益的利益联结机制,提高农民家庭经营性收入。加快推进农村劳动力转移就业,提升农民工资性收入,一方面要拓宽农村劳动力转移就业渠道,探索全面推行终身职业技能培训制度,加强新冠肺炎疫情防控进入常态化新形势下农民工输出与输入地的劳务对接，特别是加强对脱贫地区的转移就业农村劳动力的跟踪服务；另一方面要推进农民工返乡创业园区等平台建设，大力支持农民工返乡创业和就近就地就业。落实各项强农惠农政策，重点加大粮食生产补贴力度，抓好耕地地力保护补贴、种粮大户补贴等政策落实，提高农民转移性收入。完善农村各项制度，规范和加快农村土地流转，鼓励农民和村集体依法依规盘活利用农村闲置宅基地和闲置农房等各类资产，提高农民财产性收入。发展新型农村集体经济，编制发展壮大村级集体经济"十四五"规划，通过创新政策进一步支持各类新型农业经营主体参与村级集体经营性资产开发，提高村级集体经济组织成员的整体素质，建立科学、合理的收益分红机制，因地制宜探索农村集体经济带农富农的有效实现形式。

（二）大力推进农业农村现代化

农业农村现代化是广西推进现代化进程中急需补齐的短板，也是"十四五"时期广西全面推进乡村振兴的工作重点。要依托农业大省区的优势条件基础，坚持和运用创新、协调、绿色、开放、共享的新发展理念，以实施乡村振兴战略为总抓手，大力推进农业现代化、农村现代化和城乡融合化发展，激发农业大省区优势条件释放出新活力、新动能，全面提升农业农村发展的质量效益和核心竞争力，走出农业大省区乡村高质量振兴的新路子。

1. 以现代特色农业强区建设为目标，加快推进农业现代化。充分发挥农业大省区的优势条件，深化农业供给侧结构性改革，转变农业发展方式，全面推动质量强农、绿色强农、科技强农、品牌强农、融合强农、开放强农，进一步健全完善现代农业产业体系、生产体系和经营体系，推动农业经济体系优化升级、农业资源要素优化配置、农业产业结构优化调整、农业综合功能优化拓展，强化农村改革驱动、科技创新引领和数字信息支撑，构建形成产业基础高级化和产业链现代化的现代特色农业强区新体系。大力发展乡村产业，按照"前端抓好科技支撑、中间抓好生产组织、后端抓好市场营销"的思路，做大做强蔗糖、林业、水果、蔬菜、蚕桑等优势产业，大力发展油茶、茶叶、中药材、肉牛、肉羊、现代海洋渔业等特色产业，突出产业集群发展、全产业链建设和品牌化提升，注重延长产业链、提升价值链、强化创新链，以"广西好嘢"为龙头培育塑造"桂"字号农产品品牌体系，重点打造形成一批现代种养业、乡土特色产业、农产品加工流通业、乡村休闲旅游业、乡村新型服务业、乡村信息产业等千百亿元产业集群。加快推进一二三产业融合发展，拓展农业多重功能，建设农产品加工集聚区，促进生产、加工、销售各个环节增值以及农文旅融合链接，加强全产业链环节深耕细作和上下游产业深度融合，打造产加销一体、农文旅融合的复合型乡村产业。培育提升新型农业经营主体，实施新型农业经营主体提升行动，扶持农业产业化龙头企业向创新型、加工型、综合型转型，支持农民合作社、家庭农场规范化提升，大力培养高素质农民和青年农场主、农业经理人，推动小农户与现代农业适度规模经营有机衔接，引导发展农业产业化联合体，构建形成以农民为主体、企业带动、社会参与相结合的农业现代化发展格局。着力提高农业科技创新能力，深化产学研合作，提升农业物质装备特别是全程机械化水平，加快构建一批省部级重大创新平台，推动建设广西亚热带农科新城。大力实施"藏粮于地、藏粮于技"战略，加快构建市场主导、政府支持、育繁推一体化的现代种业产业体系，建设现代种业基地，不断提高农业良种化水平。

2. 以实施乡村建设行动为抓手，加快推进农村现代化。 把乡村建设摆在社会主义现代化建设的重要位置，把农村现代化作为新型城镇化向农村覆盖延伸的重要内容，部署实施乡村建设行动，科学谋划乡村建设项目，持续改善提升农村人居环境，在建设壮美广西中打造壮美乡村。巩固拓展"美丽广西"乡村建设活动成果，重点围绕农村基础设施、生产设施、基本公共服务三大方面，持续推进和加强农村人居环境综合整治及乡村风貌提升，分类推动村屯整治建设，升级建设乡村水、电、路、气、通信、广播电视、物流等基础设施，加快优化农村公厕布局和建设，推进农村生活垃圾分类和资源化利用，加强县域城乡生活污水治理统一规划、建设和运营维护。统筹县域城镇和村庄规划建设，推进"多规合一"实用性村庄规划，科学布局乡村生产生活生态空间，加强农房建设管控，保护性开发历史文化名镇名村和传统村落，提升乡村规划建设品质，打造彰显桂风壮韵的乡村风貌。加强农村生态环境保护，严守耕地红线和生态保护红线，坚持生态保护与生态发展并行，推行绿色生产和绿色生活，建设绿色田园和生态乡村，推动实现"绿水青山就是金山银山"。推进实施扩大农业农村有效投资十大工程，激发全社会投资活力，全面提升农业农村基础设施水平，加快补上"三农"领域突出短板。

3. 以构建新型工农城乡关系为统领，加快推进城乡融合化。 健全城乡融合发展体制机制，强化以工补农、以城带乡，着力缩小城乡发展差距和居民生活水平差距，加快构建工农互促、城乡互补、协调发展、共同繁荣的新型工农城乡关系，走出一条以城乡融合发展引领乡村振兴的路子。优化城乡融合的空间形态，推进都市经济圈层与乡村振兴圈层融合互动，促进现代化城镇与田园化乡村功能互补，增强都市经济圈和县域经济对乡村振兴的辐射带动，加强以集镇为中心的农民宜居生活圈建设，大力发展产城融合的特色小镇和田园综合体等农业园区，持续深化美丽乡村建设，构建形成以现代城镇组团、产城融合园区、特色小镇群落、宜居田园乡村为依托的立体式、联动型城乡融合空间形态。推进城乡共建共享，推动城镇治理体系向乡村延伸覆盖，从人才、制度、综合能力等方面强化基层组织建设，增强农村基层党组织的引领力、凝聚力和组织力，充分发挥新乡贤和村规民约的作用，健全完善村党组织领导下的"三治融合"（自治、法治、德治）治理体系；推动乡风文明和文化下乡，深入开展乡风文明建设，不断提升农村公共文化服务体系，深入挖掘乡村优秀传统文化和农耕文明，重点打造一批文明村镇和国家级非物质文化遗产、中国重要农业文化遗产，全面提升乡村"形、实、魂"；优先发展农村教育事业，多渠道加大优质教育资源向农村地区配置供给的力度，推动城乡义务教育一体化发展；推进健康乡村建设，建立健全覆盖城乡居民的基本医疗、公共卫生制度，加快推进城乡医疗服务一体化管理，提升乡村基本医疗、公共卫生服务水平；健全多层次的城乡居民养老保障体系、农村社会救助和关爱体系，推进城乡社会保险服务均等化和城乡居民应保尽保。

（三）构建"四个优先"保障体系

进入"十四五"时期，我国开启了全面建设社会主义现代化国家新征程，与之同步的是"三农"工作也转入了全面推进乡村振兴、加快农业农村现代化新阶段。中央农村工作会议明确提出，要逐步实现由集中资源支持脱贫攻坚向全面推进乡村振兴平稳过渡。围绕全面推进乡村振兴这个"十四五"时期"三农"工作的重心，要坚持农业农村优先发展战略，坚持落实"四个优先"，通过进一步健全和落实"四个优先"的保障体系，持续汇聚优质发展资源，全面激发乡村振兴动力。

1. 优先考虑干部配备。全面加强党对"三农"工作的集中统一领导，提升各级干部特别是领导干部做好"三农"工作的能力和水平。一是落实"五级书记"抓乡村振兴工作机制，自治区、设区市、县（市、区）三级均建立乡村产业振兴、人才振兴、文化振兴、生态振兴、组织振兴等"五大振兴"工作专班，注重选拔熟悉"三农"工作、会抓"三农"工作的干部到各级党委和政府主要领导岗位上，以实绩考核推动县委书记当好"一线总指挥"、乡镇党委书记发挥好关键作用。二是建立"三农"工作干部队伍培养、配备、管理、使用机制，在干部配备上优先考虑"三农"需要，树起"优秀干部到农业农村战线去，优秀干部从农业农村战场来"这个风向标，把到乡村振兴一线锻炼作为培养干部的重要途径，将优秀干部充实到实施乡村振兴战略的战线上，实现精锐力量下沉和尽锐出战。三是落实关爱激励政策，为优秀干部投身乡村振兴创造良好的工作环境和生活环境，让优秀干部能够安心、放心地扎根基层、扎根"三农"，汇聚起做好"三农"工作的强大力量。

2. 优先满足要素配置。 城乡发展不平衡的原因之一是资源要素配置失衡，乡村内在潜力难以充分发挥。全面推进乡村振兴，必须改变资源要素向城市单向流动格局，让土地、人才、资金、技术、科技等各类发展要素更多流向农业农村，构建城乡互补、全面融合、共享共赢的互利互惠机制。一是深入推进农业农村各项改革，特别是深入推进农村集体产权制度改革和"三块地"改革，激活农村集体资产和各类产权，最大限度释放农村土地、劳动力等要素红利。二是着力强化制度性供给和政策设计，破除阻碍要素自由流动、平等交换的体制机制壁垒，不断优化乡村振兴的投资环境、融资环境、生态环境、市场环境、法治环境，为城乡要素自由流动、平等交换提供基础支撑和保障。三是大力培养具有竞争力的市场经营主体，不断推进和完善现代农业的经营体系和服务体系，壮大农村经济实力，使城乡生产要素都能从中获取合理利益回报，真正实现城乡要素双向流动。

3. 优先保障资金投入。 乡村振兴离不开强有力的资金支撑，必须加快形成财政优先保障、金融重点倾斜、社会积极参与的多元投入格局，构建与全面实施乡村振兴战略相匹配的投入机制。一是对基础性、公益性和重点领域、薄弱环节的项目建设，发挥公共财政资金的主渠道作用，加大公共财政倾斜力度，加快涉农资金统筹整合，提高土地出让收益用于农业农村的比例，确保投入力度不断增强、总量不断增加。二是发挥好财政资金"四两拨千斤"的作用，通过以奖代补、贴息、担保等方式，鼓励金融机构将县域新增贷款投向支持乡村振兴，撬动更多社会资金配置到农业农村。三是严格公共财政投入的事前、事中、事后绩效管理，完善"三农"公共财政管理制度，增加农民对公共财政投入和使用的知情权、参与权、表达权、监督权，让公共财政真正花在"阳光"下、用在"刀刃"上。

4. 优先安排公共服务。 公共服务水平城乡差距大是影响农民群众获得感、幸福感、安全感的主要突出问题，提升农村公共服务水平是推进乡村振兴的重点领域，是必须优先补齐的短板。一是从农民群众最关注、需求最迫切的民生问题出发，把公共基础设施建设的重点放在农村，推动更多公共服务资源向农村倾斜。二是按照抓重点、补短板、强弱项的要求，逐步实现城乡基础设施共建共享、互联互通，全面提升农村科教文卫体、养老社保等公共服务水平，努力实现农村基本公共服务从有到好的转变。三是积极推进城乡基本公共服务标准统一、制度并轨，加快城乡基本公共服务均等化，实现从形式上的普惠向实质上的公平转变，切实提升教育、医疗、养老等与村民利益密切相关的公共服务水平。

Ⅱ 专题篇

广西乡村振兴蓝皮书
广西乡村振兴报告2021

广西乡村建设"十三五"成效及"十四五"展望

王　鹏[1]

2013年初，自治区党委、政府根据中央建设"美丽中国"决策部署，立足区情农情，决定在全区范围开展"美丽广西"乡村建设重大活动，并将其作为重要平台和载体统筹推进广西"三农"工作。活动从2013年至2020年，用8年时间分清洁乡村、生态乡村、宜居乡村、幸福乡村四个阶段梯次推进，每个阶段一个主题，分别开展三个专项活动，各阶段相互衔接、任务叠加，层层推进、逐步深化。活动开展以来，全区农村人居环境持续改善，农村产业快速发展，农民群众收入不断提高，农村公共服务水平大幅提升，乡村面貌稳步向好，取得了显著成效，广大农民群众的获得感、幸福感日益增强。

一、"十三五"时期活动主要成效

自2013年初在全区开展"美丽广西"乡村建设活动以来，清洁乡村、生态乡村、宜居乡村和幸福乡村四个阶段活动顺利推进，全区乡村环境面貌持续向好，各项工作迈出了新步伐，为打赢脱贫攻坚战、与全国同步全面建成小康社会奠定了坚实基础。八年的持续努

1　作者单位：中共广西壮族自治区委员会农村工作（乡村振兴）领导小组办公室秘书处。

力，使乡村建设取得明显效果，走出了一条边疆民族地区乡村建设的新路子，八桂农村发生了一场广泛而深刻的变化。

（一）清洁乡村活动让广大农民动起来

各地围绕"清洁家园""清洁水源""清洁田园"三个专项活动，全面清扫垃圾、清除杂物、清洁房屋、清理污水、清疏河沟、清捡田间生产废弃物。"清洁家园"专项活动加大农村环境综合整治力度，重点围绕垃圾处理、污水治理等进行集中攻坚整治，努力从长远和根本上解决农村环境问题，实现全区 111 个县（市、区）、1 126 个乡（镇）、14 273 个建制村全域覆盖，全区建立起"村收镇运县处理""村收镇运片区处理"和边远乡村"就地就近处理"的农村垃圾收运处理体系，全区农村生活垃圾治理率达 93.16％。"清洁田园"专项活动坚持内涵式清洁理念，突出创新实施"十大工程"和主推"十大技术"，大力开展"田间地头顺手捡行动"。2013—2014 年，全区"清洁田园"生产放心农产品 4 000 多万吨，有力确保产品产地产业安全；减少化学农药用量 4 500 吨，没有发生重大农产品质量安全事故，减少农田化肥投入 35.28 万吨，有效防控农业面源污染，促进了农业节本增效，有效支撑全区农民收入倍增；全区 500 万人次农民群众参与"田间地头顺手捡行动"，田间地头农业生产废弃物明显减少。"清洁水源"专项活动有计划、有重点、有步骤地推进农村环境连片整治示范工作；大力开展农村饮水保护工作，全区共有 22 个县（市、区）开展农村环境连片综合整治，受益人口约 6.99 万人。清洁乡村活动改变了全区广大农民群众千百年来的生产生活习惯，讲卫生、爱清洁成为农民群众的新风尚。

（二）生态乡村活动让农村环境净起来

全区各地结合当地实际，扎实推进"村屯绿化""饮水净化""道路硬化"三个专项活动，在补短板、抓弱项上下功夫，在解决制约农村生产生活突出问题上找方法，把目标责任层层落实到具体业务单位和个人，在抓落实、抓进度、抓成效上比学赶超，活动推进扎实有效。"村屯绿化"专项活动完成 1 万个自治区级绿化示范村屯和12.5 万个一般村屯绿化项目建设，全区农村绿化美化整体水平大幅提升，形成了不断向好的乡村生态格局。"饮水净化"专项活动解决了 381.36 万农村人口的饮水安全问题，全区 300 个示范项目已全部完工，建立了 96 个区域水质检测中心，农村自来水普及率从 70% 上升到 75% 以上；水源保护区养殖污染得到有效控制，农村群众饮水安全得到切实保障。"道路硬化"专项活动使全区新增 1 007 个行政村通沥青（水泥）路，完成任务目标的 100.7%；累计建设通行政村沥青（水泥）路约 7 500 公里；完成通屯屯级道路硬化 10 287.8 公里，完成总任务目标的 128.6%；完成 5 400 多个村屯内主干道硬化，完成总目标任务的 108.42%；具备通车条件的行政村客运通达率从 80% 上升到 85%，全区形成等级较高、路况较好、服务面较广的农村道路网络，农村群众出行难、乘车难的问题得到切实解决。生态乡村活动改善了全区广大农村环境面貌，农村产业快速发展、农民收入大幅增加、生态理念逐步深化、乡风文明不断提升、农村人居环境水平日益提高。

（三）宜居乡村活动让农民生活甜起来

全区各地扎实推进"产业富民""服务惠民""基础便民"三个专项活动，坚持以农业供给侧结构性改革为主线，从解决农民群众最关心、最直接、最现实的利益问题入手，大幅度提升农村生产生活基础设施条件。"产业富民"专项活动中百色市芒果种植面积达 120 万亩*，年产量 50 万吨、年产值 40 亿元以上，"百色芒果"获得中欧互认地理标志农产品称号。桂林市绿色食品认证面积达到 68.94 万亩，约占全市耕地总面积的 14%，漓泉、三金、花桥等一批产品被评为"广西名牌产品"。南宁市大力实施一批产业发展特色小镇，涌现出了

---

* 亩为非法定计量单位，1 亩＝1/15 公顷。——编者注

"美丽南方""金花小镇"等典型，横县茉莉花茶获"中国优秀茶叶区域公用品牌"称号。"服务惠民"专项活动建成服务大厅14 268个，开设服务窗口54 946个，配备协管员34 236人，配置办公设备，改善办公条件，大大提升了基层服务的能力和水平。全区实现社保就业信息网络系统自治区、市、县（市、区）、乡镇、村五级连通，累计更新农村劳动力数据2 435万余条，发布招聘和培训信息24万余条，城乡居民养老保险新增参保登记达114万人，努力让数据多跑路，让群众少跑腿。全区所有行政村实现村卫生室、教育助学、广播电视、儿童福利督导员和聘请法律顾问全覆盖。累计组织文艺演出2万多场，免费放电影15万多场。"基础便民"专项活动农村改厕改厨改圈目标任务基本完成，农村无害化卫生厕所普及率逐步提高，厨房卫生条件大幅改善，农村楼上住人楼下养畜的现象得到基本改变。全区对生活垃圾处理的行政村比例从90％上升到95％以上；完成农村公路整治隐患里程1 563公里，达目标任务的151.7％；农村饮水安全巩固提升新增农村受益人口达100万人；提升农村住房安全水平，完成农村危房改造73 969户，达目标任务的123.3％；开展农村有机垃圾沼气化处理示范项目，实施了一批以养殖粪污处理、生活有机垃圾分类、农村公厕沼气净化处理、"三沼"综合利用为重点的沼气工程，群众生活条件得到进一步改善。宜居乡村活动增强了全区广大农民群众获得感、幸福感，农民群众收入不断提高、农村公共服务水平大幅度提升，极大改善了农村经济发展基础条件，赢得了全区广大农民群众的衷心点赞。

（四）幸福乡村活动让乡风文明新起来

集中开展"环境秀美""生活甜美""乡村和美"三个专项活动，重点推进"三治理"，大力推动农村资源变资产、资金变股金、农民变股东改革试点，盘活农村"三资"，激活农民"三权"，开展"三创建"。"环境秀美"专项活动共建有乡镇垃圾中转站938座，村级垃圾处理设施1 651个，已完成271个非正规垃圾堆放点整治销号。全区对生活垃圾进行处理的行政村比例保持在 95% 以上，农村保洁员队伍稳定在 17 万人以上；建成镇级污水处理厂 710 座，形成镇级生活污水日处理能力约 91 万吨，建制镇污水处理设施覆盖率超过 98%；开展了 6.22 万个村庄"三清三拆"环境整治，实施了 3.65 万个村庄基本整治，推动了 811 个设施完善、175 个精品示范型村庄整治改造，实施了 67 条示范带建设，推进了 300 个自治区级村庄绿化美化精品村示范，一大批村庄展现了新风新貌。"生活甜美"专项活动已出台 17 份改革政策文件、共上报备案 360 个乡村振兴集成改革试点村。农村集体产权制度改革稳步推进，荔浦市、平南县被评为全国改革典型县（市）。现代特色农业示范区明显增多，横县茉莉花等 5 个品牌跻身全国区域品牌百强行列。农民人均可支配收入突破 13 000 元，增速连续 7 年快于城镇居民人均可支配收入增速，城乡居民收入比不断缩小。"乡村和美"专项活动补助 8 个挂牌督战县文明实践工作经费 80 万元，向中宣部、中央文明办申请并获批 12 个全国试点县（市、区）及 8 个挂牌督战县文明实践专项经费 2 000 万元，全区各类文明实践志愿服务活动达 28 万余场次，直接服务对象超过 2 500 万人次；投入资金 3 032 万元对 15 143 个农家书屋实施出版物补充更新，在人口 800 人以上的易地扶贫搬迁集中安置点投入资金 202.5 万元创新建设 135 个农家书屋。全区农村放映公益电影 9.53 万场。投入 31.2 亿元建设 14 295 个村级公共服务中心，覆盖全区 99% 的行政村。投入农村广电信息网络升级改造、美丽广西"智慧广电"村村通建设等项目 20 亿元，完成 8.54 万户接入网光纤升级改造，发展"广电云"80.1 万户，实现全区 14 335 个行政村广电光缆全覆盖的历史性跨越。幸福乡村活动使全区农村传统乡风在吐故纳新中向现代文明乡风转变，稳定的农村社会促进了乡村文化繁荣，稳定的农民收入确保了农民生活水平的稳步提高。

二、存在问题和不足

乡村建设活动开展虽然取得了一定成效，但仍存在一些问题和不足。一是整体声势不够强大，后盾单位不"厚"，指导帮扶工作不够深入，组织存在缺位。有些时段活动声势有所减弱，热度有所下降，群众喜闻乐见、生动活泼的宣传方式不够多。二是活动进展不够平衡，不同村屯组织宣传发动、群众参与活动的积极性存在差异，一些地方群众主体作用发挥不够明显；有的地方存在卫生死角，综合整治出现反弹现象，"脏、乱、差"问题依然存在。三是投入保障不够充分，全区乡村基础设施建设普遍滞后，乡村建设资金缺口较大，各级财力支持有限，村屯经济实力薄弱，农民自筹资金不多，使许多群众要求迫切、工作急需上马的项目、设备和基础设施工程无法安排实施，在一定程度上影响了活动的成效。四是体制机制不够健全，一些地方和部门工作衔接不够紧密，对活动中出现的新情况和新问题研究不够、估计不足，习惯用老套路、老办法和老措施推动工作，大胆创新突破的力度不够、闯劲不足、方法不多。五是基层基础不够厚实，一些地方农村自治组织的作用发挥有限，村规民约的制定缺乏科学性和合理性，可操作性不强，群众认同度不高；一些乡村保洁员队伍不稳定，现有环卫管理机构、专业队伍、设施设备等还不能满足农村环境长效管理需要。

三、"十四五"时期主要思路

（一）加快推进村庄规划工作

一是加快推进村庄规划编制与实施。指导各地按照"一村一图一表一则"和简易型实用性村庄规划审查要点要求，加快完成已编制的村庄规划审查报批和规划数据库入库工作。优先考虑位于农村人居环境整治和"两高两道"沿线等乡村风貌提升重要群带区域的行政村，

"十四五"期间根据不同类型村庄发展需要，有序推进村庄规划编制，有条件有需求村庄规划应编尽编。二是建立健全村庄规划奖补政策，完善协调推进工作机制。根据五部委《关于统筹推进村庄规划工作的意见》精神，按照五级书记抓乡村振兴的要求，压实乡镇政府编制和实施村庄规划的主体责任。积极与相关部门进行对接沟通，更具针对性地分配奖补资金，研究正向激励方式，充分调动各地的工作积极性。三是强化技术指导和科技支撑。遴选一批优秀村庄规划案例，总结、推广各地村庄规划工作的好经验好做法，持续开展工作指导和技术培训。探索以地形和实景三维模型数据为基础，建设在规划设施布局、指标统计、底线管控等方面辅助村庄规划编制的系统平台，实现国土空间资源要素精准配置和有效保障。四是强化村庄规划对乡村建设的引领和管控。指导各地建立村庄规划数据库，将村庄规划纳入"一张图"实施管理。在"十四五"期间，健全村庄规划管理法规政策和技术标准体系，全面落实各级国土空间规划监测预警和绩效考核机制；形成以国土空间规划为基础，以统一用途管制为手段的国土空间开发保护制度。到 2035 年，全面提升广西国土空间治理体系和治理能力现代化水平，基本形成生产空间集约高效、生活空间宜居适度、生态空间山清水秀，安全和谐、富有竞争力和可持续发展的国土空间格局。

（二）加强乡村公共基础设施建设

一是打好"四建一通"建设工程收官之战。力争 2022 年底前实现乡乡通二（三）级公路比例达到 100%，全面完成"四建一通"工程各项目标任务，形成全覆盖、深通达、提品质的通乡镇公路网络。二是交通建设项目尽量向进村入户倾斜。加快农村公路向进村入户延伸，力争至"十四五"末，全区实现 90% 以上的自然村（屯）通硬化路，打通交通服务群众"最后一公里"。三是全面治理农村公路安全隐患。在现有"四建一通"工程农村公路安全生命防护工程建设的基础上，进一步梳理需要开展生命防护工程建设的路段，对新增农村公路的急弯陡坡、临水临崖等安全隐患路段实施安防工程建设，更新提升一批达不到现行要求的农村公路安全防护设施，加大力度改造农村公路四、五类桥梁，全面提升农村公路安全运行水平。四是保障农村群众"行有所乘"。协调督促自治区、市、县三级财政支持农村客运资金落实到位，确保到2023年全区所有乡镇和建制村通客车率持续保持100%。五是加快推进"农村公路＋"融合发展。围绕落实乡村振兴战略，把"四好农村路"融入农村地区的产业、物流、环境、特色经济的大生态中，积极探索"农村公路＋产业""农村公路＋旅游""农村公路＋文化""农村公路＋物流"等发展新模式，构建农村公路的多元融合发展体系，实现"因路而兴，因路而富"。六是推进"美丽农村路"建设。结合农村人居环境整治行动，推进路域环境治理工作，实现农村公路具备条件路段"路田分家""路宅分家"。启动全区"美丽农村路"建设工作，力争每个市成功实现一个县区至少有一条"美丽农村路"。

（三）进一步提高农村供水保障水平

一是采取"抓两头带中间"方式完善工程建设体系。坚持集中连片和规模化供水发展方向，因地制宜推进建设一批规模化供水工程、建设改造一批规范化小型供水工程、更新改造一批老旧工程和管网等"三大重点工程"，着力构建形成"一县一网""多镇一网"或"一镇一网""多村一网"的农村供水格局，建立完善"从源头到龙头"的农村供水保障体系，完善农村水价水费形成机制和工程长效运营机制，进一步提高农村供水保障水平。二是进一步完善大中型灌区灌溉骨干网络。按照规范化标准化建设要求，计划实施五化灌区续建配套与现代化改造，改造面积50万亩，项目总投资4亿元。2021—2022年广西计划实施中型灌区续建配套与节水改造建设93万亩，涉及宾阳县六冯灌区等15个中型灌区，项目总投资10.81亿元。三是进一步改善农村水生态环境。指导地方按照国家部委要求，完善项目前期成果，做好试点县遴选及申报工作，争取得到更多试点名额及资金支持；及时总结项目实施经验亮点，按照国家部委安排，待政策及资金条件成熟后扩大建设范围，进一步提升广西农村水生态环境。

（四）实施农村人居环境整治提升五年行动

到 2025 年，农村人居环境整洁优美，村庄布局逐步优化，村庄净化、绿化、亮化、美化整体水平大幅提高，全区村庄绿化率稳定在60％以上，村容村貌进一步提升；农村卫生厕所基本普及，厕所粪污基本得到处理；农村生活垃圾基本实现有效治理，有条件的村庄实现生活垃圾分类、源头减量；农村生活污水乱倒乱排得到管控，治理率达到 40％左右；长效管护机制和工作推进机制基本完善，农民环境保护意识和卫生健康意识明显增强；全区 30％的村庄达到生态宜居美丽乡村建设水平，5％以上的乡镇被评为国家卫生乡镇。重点任务是统筹实施农村人居环境改善新五年行动，以农村生活垃圾污水治理、厕所革命、乡村风貌提升为主攻方向，加强农村房屋建设管控，加大农村饮用水水源地保护力度，建设一批生态宜居美丽乡村，创建一批农村人居环境整治提升综合试验示范县，打造农村人居环境整治升级版。

（五）提升农村基本公共服务水平

一是实现更加充分更高质量就业。就业规模适度扩大，就业结构不断优化，重点群体就业形势基本稳定，劳动者就业能力不断提高，创业带动就业能力持续增强，就业服务能力进一步提升。促进农民工返乡就业创业。拓宽农村劳动力就地就近就业、外出就业和返乡创业渠道，推动城乡劳动者在就业地平等享受就业服务。二是健全社会保障体系。完善城乡居民基本养老保险制度。完善被征地农民社会保障政策。深入实施全民参保计划，积极促进城乡居民养老保险适龄参保人员应保尽保。落实城乡居民基本养老保险待遇确定调整机制。推进社会保险基金保值增值工作，继续扩大城乡居民养老保险个人账户基金委托投资运营规模。三是人社基本公共服务能力水平明显提高。全方位公共就业服务体系不断健全，社会保险公共服务平台实现全区统一，智慧服务能力显著提升。基本公共服务均等化标准化全面推进，农村居民享有基本公共服务的可及性明显增强。大力实施义务教育优质均衡发展，大力实施义务教育学校标准化建设工程，大力改善乡镇寄宿制学校和乡村小规模学校办学条件，推动乡村教师增量提质，深入实施素质教育，构建德智体美劳五育并举的教育体系。四是大力提升乡村基础教育发展水平。扩大乡村学前教育优质资源。促进城乡学前教育均衡发展。推动义务教育优质均衡发展。持续改善农村中小学办学条件，持续推进学校建设。实施普通高中突破发展工程，到2025年，新建50所、改扩建186所普通高中，不断增加学位资源。

广西畜牧业发展"十三五"成效及"十四五"展望

岑　敏[1]

"十三五"时期，面对错综复杂的国内外形势和艰巨繁重的改革发展稳定任务，广西加快推进畜牧业结构调整，统筹考虑种养规模和资源环境承载力，推广粮改饲和种养结合模式，发展农区畜牧业，分区域推进现代草业和草食畜牧业发展，畜牧业生产结构和区域布局进一步优化，规模化、标准化、产业化、生态化程度进一步提高，产业转型升级取得明显成效，产业素质显著提高，行业基础支撑能力和安全生产能力不断提升，生态环境明显改善，现代畜牧业产业体系基本形成。

一、主要指标基本完成

《广西壮族自治区水产畜牧业发展"十三五"规划》主要发展指标包括：产量 5 项指标，产值 5 项指标，现代养殖 4 项指标。14 项指标中有 12 项如期完成，肉类产量、奶产量指标分别完成 84.4%、86%，指标总体完成率为 85.7%。

1　作者单位：广西壮族自治区兽医研究所办公室。

二、重点工作取得显著成效

构建现代养殖种业体系、加快发展现代畜牧业、全面推进现代生态养殖、加快推进产业化发展进程、提高疫病防控能力、加强产品质量安全监管、推进信息化建设、推进科技创新和扩大对外开放、扎实推进产业精准扶贫等，是《广西壮族自治区水产畜牧业发展"十三五"规划》中明确的重大任务。从实施情况看，各项任务完成较好，畜牧业发展态势平稳向上，其中，工业饲料产量达到1 350万吨，年均增长5％；畜牧业产值1 278亿元，占水产畜牧总产值的66.3％；畜牧业经济总产值约为2 300亿元，占水产畜牧业经济总产值的69.7％；现代生态养殖方面，基本实现畜禽粪便资源化利用，规模化畜禽养殖场和养殖小区生态养殖比重达90％以上；规模化畜禽养殖场和养殖小区粪污综合利用率达98％；动物疫病监测预警能力、应急处置能力和动物防疫信息化管理水平进一步提高。

（一）加快转变畜牧业发展方式，实现畜牧业稳定健康发展

广西全面深化畜牧业供给侧结构性改革，加快转变畜牧业发展方式，全面提高畜牧业良种化水平，践行绿色发展理念，扎实推进畜禽现代生态养殖工作，提升畜牧业可持续发展能力，实现畜牧业从规模化养殖向现代化养殖转变，全区畜牧业呈现持续健康发展态势。

1. 畜禽养殖实现提档升级。 开展畜禽养殖标准化示范创建，进一步完善创建工作方案，创建全区畜禽养殖标准化示范场，切实发挥示范场的引领带动作用。强化畜禽良种推广与应用，支持地方开展种猪拍卖等优良种畜推广活动。组织开展家畜繁殖员职业技能鉴定，提升从业人员素质，编制畜牧养殖业机械化发展规划。截至2020年底，全区初步创建形成生态养殖模式11种，指导建设生态养殖示范基地23个。申请发明专利20多项，申请实用新型专利60多项，获得实用新型专利30多项。通过项目实施形成了猪、牛羊、家禽等方面的

畜禽生态养殖技术体系，在全区 95％以上的规模养殖场推广应用，取得良好的示范带动作用。

2. 千方百计稳定生猪生产。统筹抓好生产发展和疫病防控，严格执行调运监管规定，积极引导出栏肥猪"点对点"调运和产销衔接，保障种猪、仔猪有序调运，有效解决生猪压栏和仔猪补栏问题。加强生猪产销形势研判，强化信息预警与指导服务，提振养殖信心。打好非洲猪瘟防控攻坚战和持久战，生猪生产恢复好于预期，2020 年末生猪存栏 1 828.3 万头，比上年末增长 14.3％；其中能繁母猪存栏 211.5 万头，增长 16.8％，生猪产能恢复到 2017 年末的 80％，生猪产业实现由小散养殖向标准化规模养殖转型。2020 年，全区猪肉产量 174.05 万吨，禽蛋产量 26.7 万吨，禽肉产量 179.95 万吨，牛肉产量 13.62 万吨，羊肉产量 3.64 万吨，牛奶产量 11.18 万吨。

3. 畜禽现代生态养殖技术领先全国。合理布局禁养区、限养区和适养区，科学确定养殖品种、规模、总量。加快推进养殖标准化生产体系，制定并实施《生猪现代生态养殖规范》《肉鸡（蛋鸡）现代生态养殖规范》《肉牛（奶牛）现代生态养殖规范》《肉羊现代生态养殖规范》《广西畜禽现代生态养殖场认证工作方案》及各畜种现代生态养殖场验收评分标准等指导推进现代生态养殖的文件，在全国率先开展了规模化畜禽养殖场生态养殖认证工作。大力推广以"微生物＋网床漏缝地板"为核心的生态养殖技术，着力推进农牧结合、林牧结合，完善提升优质鸡林下生态养殖模式，建设生态友好型畜牧业。2020 年底，全区完成生态养殖场认证超过 7 000 家，全区生态场认证比例达 96.22％，超额完成"十三五"规划提出的 90％的目标任务。广西畜禽生态养殖技术已领先全国，成为国家主推技术和标杆。

4. 畜禽粪污资源化利用水平不断提升。强化畜禽粪污资源化利用能力，投资 18.4 亿元，对八步区、北流市、博白县、荔浦县等 20 个县区实施畜禽粪污资源化利用整县推进项目，设施建设面积 231.6 万平方米，设施建设容积 19.03 万立方米，网管建设 17.35 万米，设备购置 89 860 台（套）。截至 2020 年底，广西 27 个县（区）

畜禽粪污综合利用率达 90％，高出 2020 年全国畜禽粪污综合利用率75％指标水平 15 个百分点；装备配套率达 95％，超额完成规划提出的 80％的目标任务，畜禽粪污资源化利用水平不断提升。

5. 畜牧标准化工作进程持续规范。积极开展畜牧业生产标准化工作，持续为广西畜牧业标准化生产提供技术支撑。组织制定广西地方标准共 61 项，其中获自治区市场监督管理局发布实施的 40 项，正在起草及审核的 21 项。组织举办广西畜牧兽医技术标准培训班 4 期，培训人员 100 多人次，为地方标准的起草、编写和审定培养了一批技术骨干。开展畜禽养殖标准化示范创建活动，举办畜禽养殖标准化示范创建培训班 4 期，共培训人员 420 多人次；组织专家 40 多人次对参与示范创建养殖场进行现场考核验收，累计认定畜禽养殖标准化示范场 249 个，其中国家级畜禽养殖标准化示范场 95 个、自治区级畜禽养殖标准化示范场 154 个。开展示范创建活动宣传推介，宣传广西创建活动的经验做法、典型模式和创建成效，发挥畜禽养殖标准化示范场在广西现代畜牧业发展中的示范引领、辐射带动作用。

6. 产品质量安全监管持续开展。稳定发展无公害畜产品，扩大无公害畜产品规模，针对无公害畜产品数量发展乏力、复查换证率低的问题，积极与各市工作机构加强联系、沟通，紧盯目标，及时做好到期复查换证工作。2016—2020 年全区累计认证无公害畜产品174 个，产地规模 28 092 万头（只），年产量 490 421 吨。加强人员队伍培养，积极组织开展检查员、内检员培训，举办无公害畜产品检查员和内检员培训 5 期，培训人员 1 547 人次，其中检查员 522 人次，内检员 1 025 人次。做好获证产品的证后监管工作，组织开展畜牧业无公害产品专项检查 5 次，现场检查无公害产地 345 个次，抽样检测产品 221 个，确保认证产品质量安全。有计划开展畜产品地理标志产品登记保护，2016—2020 年全区畜牧业累计认证地理标志产品14 个，打造出了一批中国农产品地理标志畜禽产品。开展畜产品地理标志知识暨养殖技术培训班，共举办培训班 14 期，培训人员700 多人。加大地理标志畜禽产品推介力度，与《广西日报》联合推出"广西地理标志畜禽产品系列故事"，以故事沉淀品牌精神，提升畜牧业文化品牌价值。

（二）积极推进科技创新，实现重大技术突破

大力推进畜牧行业领域的科技创新，加强科学研究、技术研发、科技工程示范和重大项目工程建设的衔接，建设畜牧技术创新和技术交流平台，构建以企业为主体、政产学研用一体的产业技术创新体系，探索建立"科研院校＋示范基地＋农技推广体系＋新型农业经营主体"的成果转化模式，推进产业转型升级。聚集科技人才开展广西畜禽种质资源的收集、评价与鉴定工作，完成广西50个畜禽品种的分布、所处生态环境、外貌特性、繁殖、体尺体重、生存性状等信息的调研、收集工作，利用高通量测序技术评估了鸡、鸭、鹅、水牛、黄牛、羊、猪、马等遗传资源，构建了同一物种不同品种间及品种内的遗传关系图谱，为地方畜禽品种的开发利用提供科学有效的数据依据。建立良种繁育基地和优质鸡生态养殖示范基地，集成应用无纸化记录、家系选择、疫病净化、种鸡繁育、肉鸡生态养殖等技术，并与公司建立合作，取得显著实效。试验探索供体牛膘情、采胚的数量、可用胚效果、孕激素和雌激素水平、营养成分调控、气候温度等因素对良种牛繁育技术的影响，为广西良种肉牛繁育关键技术与产业化应用提供技术支撑。实施牛羊专用生物发酵饲料和非粮型全混合日粮的研发，研制出牛羊专用生物发酵饲料6种，非粮型全混合日粮1种；建设饲料青贮打包生产线11条，生产牛羊专用发酵饲料和非粮型全混合日粮280万吨，为牛羊专用生物发酵饲料和非粮型全混合日粮的研发与产业化提供技术支撑。

（三）加强动物疫病防控，疫病防控能力不断加强

进一步完善自治区、市、县、乡镇四级动物疫病防控基础设施建设，强化重大动物疫病强制免疫工作，支持规模养殖场升级动物防疫能力，有效控制了高致病性禽流感、口蹄疫、高致病性猪蓝耳病、小

反刍兽疫等重大动物疫病,没有发生区域性重大动物疫情;突发非洲猪瘟疫情迅速得到控制。加强人畜共患病防控,家禽 H7N9 流感的净化根除计划成效显著,牛羊布鲁氏菌病、奶牛结核病疫情上升势头得到遏制,畜间狂犬病发病和人间狂犬病病例持续减少,确保了公共卫生安全;有效控制了猪腹泻性疫病等常见疫病的发生,筑牢了边境重大动物疫病群防联控机制,有效防范了境外动物疫情传入。构建全区动物防疫信息管理平台,进一步提高动物疫情监测预警、应急处置、兽医公共卫生、检疫监督执法、追溯、动物疫苗等信息采集、传输、汇总、分析和评估的能力。完成规模化畜禽养殖场入户调查、专业户和散养户抽样调查及规模化畜禽养殖场产排污系数原位监测三项工作,为加强污染源监管、改善环境质量、防控环境风险、服务环境与发展综合决策提供了重要依据。

(四) 扎实推进产业精准扶贫,助力农村脱贫农民致富

以养殖产业扶贫规划为引领,以培育壮大龙头企业为载体,推进"龙头企业＋合作社＋基地＋贫困户"产业扶贫攻坚模式,促进贫困地区农民增收。一是加强科技攻关。积极组织科技人员开展产业扶贫急需的瓶颈问题科研攻关,先后在畜禽现代生态养殖、畜禽繁育技术、牧草饲料加工等领域取得 91 项科研成果、46 项专利技术,并将科技成果以及专利技术应用到产业扶贫中,为脱贫攻坚奠定了坚实的技术基础。二是积极培育主体,注重龙头引领。发挥广西牛羊、家禽产业体系团队以及广西畜牧科技先锋队、科技特派员等 3 支服务团队优势,引导区内 200 余家养殖企业主动参与脱贫攻坚,支持"龙头企业＋基地(合作社)＋农户"的合作模式,带动当地建档立卡贫困户通过企业务工、发展林下生态禽养殖脱贫致富。5 年来开展各种形式的培训 400 多场,服务量 3.7 万人次,有效将畜禽养殖技术推广到广西贫困村养殖户中,为贫困村利用新技术脱贫致富起到良好的推动作用。三是打造科技扶贫产业示范基地。围绕生态养殖等扶贫产业,结合 5 个广西创新驱动重大专项项目的实施与推广,在崇左、桂林、河

池集中连片贫困区域打造科技扶贫产业示范基地，充分发挥辐射带动作用，带动沿线贫困群众增收致富。至 2020 年底，累计指导建成科技示范基地 40 多个，指导或技术扶持建设以猪、牛羊、鸡等养殖为主的企业现代特色农业示范园区 36 家，在全区脱贫攻坚中起到了良好的示范带头作用。

三、"十三五"时期存在的主要问题和困难

（一）疫情风险不断增加

"十三五"期间，畜禽疫病复杂多变，禽流感、小反刍兽疫在全国范围内时有发生，2018 年以来，非洲猪瘟疫情发生，对我国生猪养殖产业造成了重大影响。

（二）畜牧业产业化程度较低

畜牧生产与畜产品加工、流通脱节，生产缺乏龙头企业带动，企业缺乏名牌产品，致使畜产品仍然以原料形式外销，利润流失严重；与畜产品相关的上游、下游产业之间联系松散，缺乏社会化大生产的分工与合作，经营利益机制不健全，产业组织化程度低，整体产业的经济效益没有真正显现出来。

（三）畜禽良种供给能力不足

良种繁育体系建设滞后，主推品种和品种改良方向模糊不清，造成优良种质资源没有得到有效利用，人力、物力和财力浪费严重，并且良种供应能力严重不足，大量调进种畜和仔畜增加了疫病风险和生产成本。

四、开启"十四五"新征程的发展机遇与展望

随着国家一系列重大战略的布局和深入实施，国家对畜牧业的支

持力度持续加大，畜牧业发展迎来了许多重大机遇，有利条件不断积累叠加。

2020年9月，国务院办公厅印发了《关于促进畜牧业高质量发展的意见》，指出畜牧业是关系国计民生的重要产业，肉蛋奶是百姓"菜篮子"的重要品种，强调要以习近平新时代中国特色社会主义思想为指导，全面贯彻党的十九大和十九届二中、三中、四中、五中全会精神，认真落实党中央、国务院决策部署，牢固树立新发展理念，以实施乡村振兴战略为引领，以农业供给侧结构性改革为主线，转变发展方式，强化科技创新、政策支持和法治保障，加快构建现代畜禽养殖、动物防疫和加工流通体系，不断增强畜牧业质量效益和竞争力，形成产出高效、产品安全、资源节约、环境友好、调控有效的高质量发展新格局，更好地满足人民群众多元化的畜禽产品消费需求。

2021年1月，农业农村部畜牧兽医局局长杨振海指出，"十四五"时期，畜牧业转型升级将进入加快推进的关键时期，要坚决贯彻新发展理念，推动落实稳产保供、省负总责的要求，加快推进畜牧业高质量发展。既要完成保障供给这一核心任务，稳猪禽、促牛羊、兴奶业，加强生猪产能储备和调控；同时也要针对发展不平衡不充分问题，突出提质增效，提高畜牧业生产效率、竞争力和动物疫病防控能力，提升绿色发展水平，加快畜牧业现代化步伐。

总而言之，"十四五"广西畜牧业发展面临的机遇和挑战并存，困难和优势同在，但有利条件多于不利因素，机遇大于挑战。

（一）加快构建现代养殖体系

高标准推进规模化养殖，开展畜禽养殖标准化示范创建，提升现代装备和精细管理水平，坚持抓大不放小，带动中小养殖户融入现代畜牧业。抓好生猪产能恢复，促进产业稳定发展。

（二）建立健全动物防疫体系

落实动物防疫主体责任，引导养殖场户以及运输、屠宰等环节改善防疫条件。提升动物疫病防控能力，强化防控措施。建立健全分区防控制度，降低动物疫病跨区传播风险。提高动物防疫监管服务能力，加强基层动物防疫队伍建设，引导培育发展灵活高效的社会化兽医服务。

（三）加快构建现代畜产品加工流通体系

开展生猪屠宰标准化示范创建，规范牛羊禽屠宰管理，提升畜禽屠宰加工行业整体水平。加快健全畜禽产品冷链加工配送体系，促进运活畜禽向运肉转变。

（四）促进畜禽种业自主创新

实施现代种业提升工程，着力破解畜禽核心种源受制于人的问题。建设完善国家级畜禽基因库、畜禽保种场（保护区）；实施新一轮遗传改良计划，提升自主育种创新能力。建设完善一批畜禽良种繁育基地，培植一批育繁推一体化畜禽种业企业，加快良种繁育与推广。

（五）强化养殖投入品保障和监管

围绕"精准、优质、高效"下功夫，建设饲料工业强国，构建现代饲草产业体系，提高饲料饲草供应能力。围绕"产好药、用好药、少用药"目标，优化兽药产业结构和产品结构，推进兽用抗菌药减量使用，引导养殖环节科学合理用药，提高畜产品和公共卫生安全水平。抓好检查员和内检员培训工作，提高无公害农产品检查员、内检员工作能力和专业素质。严格准入条件，严格审查，严格监管，每年突出对重点产品和重点指标的抽检，对可能存在问题的产品加强质量检测，坚决消除质量隐患，确保产品质量安全。

（六）全面推进畜禽养殖废弃物资源化利用

以资源化利用为纽带，加强政策支持与市场引导，促进种养结合、农牧循环。实施畜禽粪污资源化利用整县推进项目，建立健全检测监测评价体系，推行全链条管理，提高现代农业绿色发展水平。

（七）指导奶业高质量发展

推动牧区生产方式转型升级，实施奶业振兴工程和牛羊肉发展计划，切实提高畜产品保障能力。加强生鲜乳生产、收购、运输环节监督管理，强化生鲜乳质量安全。加快适度规模奶牛场升级改造，推进奶牛标准化生态养殖，建设一批适度规模、稳定可控的奶源基地。加快特色水牛奶业发展，建立广西水牛奶特色产业。大力推进适度规模生态养殖，按照生态养殖要求，对奶牛养殖大县整县推进生态养殖，引导发展适度规模养殖，将奶畜养殖场改扩建为生态循环型家庭牧场。对奶牛养殖大镇，通过"公司＋合作社（收奶站）＋奶农"发展模式，培育一批养殖规模为5～49头的养殖专业户，建成一批存栏奶牛为50～100头的家庭牧场（养殖小区、专业合作社），普及"微生物＋"生态养殖技术，使之成为适度规模生态养殖主力军。建设现代奶业牧场，按照国家有关现代奶业发展的要求，实施《广西现代奶业牧场建设方案》，引导广西皇氏甲天下乳业股份有限责任公司、广西石埠乳业有限责任公司等企业筹划现代奶业牧场建设，用5年的时间建成一批设施装备现代、产业链完整、一二三产融合、绿色循环的现代奶业牧场。加快推进饲草料产业体系建设，优化种植结构，按照稳粮、优经、扩饲的要求，加快构建粮经饲协调发展的三元种植结构；加强优良牧草品种选育和扩大繁殖，引进国内适于广西种植的优质牧草品种；推广以糖料蔗为主的农作物秸秆及加工副产品综合利用技术，提高非粮饲料的利用率；积极申报实施国家"粮改饲"项目，鼓励以龙头企业和农民合作社为主的新型农业经营主体建设牧草基地，提升优质饲草料产业化水平。

广西农村改革"十三五"成效及"十四五"展望

谢国强[1] 付玉春[2]

"十三五"期间,广西认真贯彻落实中央和自治区决策部署,主动适应农村改革发展需要,顺势而动,抢抓机遇,主动作为,扎实工作,以农村土地制度改革为牵引,不断巩固农村基本经营制度,稳步推进农业农村各项改革,健全完善体制机制,进一步增强了乡村振兴的内生动力和发展活力。

一、广西农村改革"十三五"时期工作情况

(一)顺利完成农村土地承包经营权确权登记颁证工作,完善了农村基本经营制度

1. 农村土地承包经营权确权登记颁证工作总体完成。广西自2014年开始试点工作,2018年向党中央和国务院上报了基本完成报告,2019年开展"回头看"。到2020年12月底,全区共调查承包农户895万户,实际应确权农户877.21万户,建立登记簿876.42万份,占应确权农户总数的99.91%;颁发农村土地承包经营权证书867.51万本,颁证率98.81%,高于全国平均水平,确权面积4 550万

---

1 作者单位:广西壮族自治区农业农村厅政策与改革处。
2 作者单位:广西农业职业技术学院。

亩。自治区、市、县三级已完成测绘底图拼接，全区 111 个县（市、区）确权成果数据汇交上报到农业农村部导入国家数据库。有 104 个县（市、区）已完成档案规范整理，完成率 93.69%，共整理档案 881.9 万卷（含一户一档 829.2 万卷）。其中，有 52 个县已率先实现档案数字化。在全国农村承包地确权登记颁证工作总结暨表彰电视电话会议上，广西获得通报表扬的典型地区有 9 个，分别是桂林市、上林县、灵川县、北海市海城区、北流市、田东县、贵港市覃塘区、天峨县、合山市。2 个单位被获授予"全国农村承包地确权登记颁证工作先进集体"称号；5 人被获授予"全国农村承包地确权登记颁证工作先进个人"称号。

2. 农村土地经营权规范有序流转。广西各地结合土地股份合作、农业规模经营和土地经营权抵押贷款等，积极进行确权成果转化应用，有力推动农村土地"三权分置"，加快农村土地规范有序流转，促进现代农业发展。全区各地深入贯彻落实中央部署和自治区《关于引导和规范农村土地经营权有序流转的意见》文件精神，规范和引导农村土地经营权有序流转。到 2020 年底，全区农村土地经营权流转面积 1 419.95 万亩（含季节性流转 226.46 万亩，林地发展农业规模经营 97.2 万亩），相当于二轮承包地面积 3 339.32 万亩的 42.52%，涌现出贵港市土地"预流转"等改革模式。连片承租承包地 50 亩以上的经营主体 20 449 家，承租土地面积 651.08 万亩。玉林市承包土地流转率 53.09%，为全区最高。龙州县、江州区土地流转率超过 80%。为了加强政策扶持，自治区党委、政府印发了《关于引导和规范农村土地经营权有序流转的意见》（桂办发〔2015〕22 号）、《关于完善农村土地所有权承包权经营权分置办法的实施意见》（桂办发〔2018〕2 号）。广西的家庭农场、农民合作社和农业企业等新型农业经营主体成为承包土地流转的主要力量，提高了广西农业经营的组织化水平。

3. 全区基层农村土地承包经营纠纷调解仲裁体系不断完善。2006 年起，广西开展农村土地承包经营纠纷调解仲裁试点工作。近年来，广西农村土地承包经营纠纷调解仲裁体系建设取得了较大进展。全区有 102 个涉农县（市、区）成立了农村土地承包调解仲裁委员会，并基本落实仲裁工作经费和场所。广西正式批准设立或明确农村土地承包调解委员会的乡镇数为 1 171 个，占乡镇总数的 88.38%，设立村组调解小组或有专人调解的行政村为 14 865 个。广西未发生过因土地承包纠纷引发的重大群体性事件和集体上访事件。农村土地承包纠纷调解仲裁工作的积极推进，为广西的农村土地承包经营权确权登记颁证"回头看"，规范引导土地流转，发展适度规模经营提供了有力保障。

4. 全区统一联网农村产权流转交易市场体系基本建成。2014 年，广西开始试点探索农村产权流转交易市场建设。玉林市和田东县结合农村金融改革率先在全区成立了农村产权流转交易中心。到 2020 年 12 月底，全区 111 个县（市、区）建立了 101 个农村产权流转交易中心，业务覆盖全区 100% 的县（市、区）；已建立乡镇服务站 245 个；累计成交 1.72 万单，累计成交金额 56 亿元；抵押担保数 840 单，抵押担保金额 37.22 亿元。其中，玉林市、百色市工作成效特别突出，累计成交金额分别为 37.46 亿元、11.79 亿元，抵押担保金额分别为 19.73 亿元、15.69 亿元。两市合计累计成交金额、抵押担保金额分别占全区的 88.7%、95.2%。经过前期充分调研和广泛征求意见，并报自治区政府同意，明确北部湾产权交易所作为自治区农村产权流转交易市场建设主体单位，建立自治区农村产权流转交易信息服务（系统）平台。指导推动北部湾产权交易所与全区各市县积极对接，推进统一联网工作，按照"1＋N"模式，加快建设自治区、市、县、乡（镇）统一联网、四级联动的农村产权流转交易信息服务网络平台体系。截至 2020 年 12 月底，已有 100 个农村产权流转交易中心（信息服务平台）和自治区实现联网。

（二）农村产权制度改革工作全面铺开

1. 第一至第四批试点任务圆满完成。根据农业农村部和自治区的整体部署，广西先后开展了四批全国农村集体产权制度改革试点和自治区试点工作。第一批全国改革试点——梧州市长洲区，已于2017年10月完成试点任务。第二批全国试点安排广西2个县区，分别是河池市金城江区和来宾合山市，已于2018年10月上旬全部完成试点任务。农业农村部下达给金城江区75个村（社区）试点任务，完成了102个村（社区），超额完成任务。第三批全国改革试点安排广西6个试点单位，具体是贵港市、玉林市、荔浦县、梧州市万秀区、北海市银海区和扶绥县，已于2019年10月完成试点任务。6个试点单位共60 220个农村集体经济组织完成改革，成立集体经济组织3 029个，量化资产总额743 356万元，确认成员身份1 221万人，股金分红总额561万元。第四批全国试点的20个市县，也完成了县区级的自评自验和市级的核验工作，20个单位共3 958个集体经济组织全部完成了集体经营性资产股份合作制改革，完成率100％。自治区试点分别在14个设区市安排1个县（市、区）作为试点单位，已于2019年6月完成试点任务。

2. 清产核资工作顺利完成。 按照中央的部署安排，广西已完成了2017—2019年度的农村集体资产清产核资工作，共清查了226个乡镇（街道）、15 211个行政村（社区）、255 798个村民小组及其所属企业的集体资产，并按要求将资产数据全部录入了全国农村集体清产核资管理系统。据统计，广西核实资产总额1 061.25亿元，其中经营性资产300.08亿元；清查核实集体土地总面积27 040.60万亩，其中农用地面积25 225.16万亩，全面摸清了农村家底。

3. 股份合作制改革基本完成。 各地按照确认集体成员、资产折股量化、合理设置股权、建立集体经济组织的规范步骤开展工作。截至2020年12月底，全区已完成集体经济组织登记赋码的行政村15 133个，占开展农村集体产权制度改革的行政村数的100％，确认农村集体经济组织成员3 173万人，量化资产总额136亿元。各地在完成经营性资产股份合作制改革的基础上，积极探索赋予集体股份权能，加强规范股权占有，明确成员个人股"量化到人，发证到户"，实行"生不增，死不减，进不增，出不减"的静态管理，进一步规范收益分配。

4. 农村"三变"改革扎实推进。 广西各地结合农村集体产权制度改革，试点先行、以点带面推动农村"三变"改革。截至 2020 年 12 月底已有 9 647 个行政村启动"三变"改革工作，占行政村总数的 63.83％。试点村村民成为集体经济股东 1 084.88 万人，"三变"合作经营项目 422 个，项目承接经营主体 2018 个，资源性资产通过流转出租等方式变为经营性资产面积共 917.06 万亩，集体投入政府扶持及自有资金进行入股合作经营达 19.88 亿元，集体经济组织累计获得分红收益 3.89 亿元。

（三）稳慎推进农村宅基地管理与改革

1. 加强宅基地管理制度建设。 印发《关于进一步加强农村宅基地管理的通知》《关于规范农村新增宅基地审批和建房管理的通知》，构建广西宅基地管理制度框架。北流市、覃塘区、鹿寨县 3 个县级试点获批全国农村宅基地制度改革新增试点。

2. 开展农村乱占耕地建房问题整治。 印发《关于坚决遏制新增农村乱占耕地建房问题的通知》《关于建立全区农村乱占耕地建房新增问题月报制度的通知》《关于做好我区农村村民住宅建设合理用地保障工作的通知》，"疏堵结合"开展农村乱占耕地建房问题整治。

3. 加强宅基地管理。 编发《农村宅基地管理文件汇编》《广西农村宅基地管理业务指南（2020 年）》《农村宅基地管理法律政策问答》等资料 3 000 多册，举办 4 期培训班，培训业务人员 2 000 多人次。将市、县、乡三级农村宅基地管理队伍建设列入设区市乡村振兴战略实绩考核。组织开展宅基地信息调查。开展农村宅基地管理利用情况统计，启动农村宅基地制度改革试点地区宅基地基础信息调查。

（四）大力培育新型农业经营主体，促进小农户和现代农业有机衔接

1. 数量快速增长。 "十三五"期间，广西家庭农场培育发展工作取得成效，广西家庭农场数量每年均有较大幅度提升，2015 年底全区家庭农场 4 210 家，2016 年底达到 6 628 家，2017 年底达到 8 438 家，2018 年底达到 9 757 家，2019 年底达到 11 556 家，截至 2020 年 12 月底家庭农场总数达到 51 398 家，较 "十三五" 初期增加了 47 188 家，超额完成 "十三五" 结束全区家庭农场总数达到 1 万家的任务。全区农民专业合作社从 "十三五" 初的 24 820 家培育发展到 "十三五" 末的超 6 万家。

2. 政策体系逐步建立。 "十三五"期间，广西先后印发了《关于加快农民合作社发展的意见》《关于促进家庭农场发展的意见》《关于加快构建政策体系培育新型农业经营主体的实施意见》《广西壮族自治区家庭农场培育计划（2019—2022 年）》《关于贯彻落实自治区家庭农场培育计划促进家庭农场高质量发展的通知》《关于促进农民合作社规范提升高质量发展的实施意见》等政策文件，为全区新型农业经营主体高质量发展提供了政策支撑，加快了广西新型农业经营主体的培育发展进程。

3. 工作机制不断完善。 一是制定《全国家庭农场名录系统基本信息填报工作方案》。将录入任务分解到各市，并对各市的录入工作进度实行每月通报；指导市县农业农村部门有力开展家庭农场登记认定工作，将各类种养大户纳入全国家庭农场名录系统进行管理。二是制定家庭农场登记认定标准。由各县（市、区）根据适度规模经营、最佳经济效益原则，参照家庭农场规模全区平均参考标准自行制定登记认定标准。三是拓宽家庭农场登记认定渠道。从 2020 年起，各市、县（市、区）在已有工作基础上，拓宽登记认定渠道，实行市场监管部门登记注册、农业农村部门登记认定同步推进、双轨运行的办法，把在市场监管部门登记注册、农业农村部门登记认定的家庭农场全部

纳入全国家庭农场名录系统进行登记管理。四是进一步推进农民合作社"空壳社"专项清理工作，共计清理"空壳社"2 116 家。

4. 示范创建工作有力开展。一是组织开展自治区级示范家庭农场和合作社申报工作。到 2020 年底，自治区级示范家庭农场总数达 466 家，全区自治区级农民专业合作社示范社累计达 1 154 家。二是实施家庭农场和农民合作社示范县创建项目。2020 年 3 月印发了《2020 年自治区级家庭农场示范县创建项目实施方案》（桂农厅办发〔2020〕32 号），选择柳城县、融安县、兴安县、永福县、灵山县、桂平市、容县、博白县、陆川县、平果市等 10 个县（市）开展家庭农场示范县创建工作，支持田东县、永福县、宁明县、贵港市港南区等县（市、区）开展农民合作社质量提升整县推进试点工作。三是树立一批发展范例，总结一批好经验好模式。成功向农业农村部推荐 2 例家庭农场先进典型。

5. 农村社会化服务组织不断壮大。广西着力培育多类型、多层次的农业社会化服务组织，初步建立了以公共服务机构为主导、合作经济组织为基础、龙头企业为骨干、其他社会力量为补充的多元化农业社会化服务格局。社会化服务由原来集中在甘蔗和粮食领域，逐步向果蔬茶、畜禽等领域拓展。到"十三五"末期，广西农业社会化服务组织 9 210 家，农业生产托管服务面积 402 万亩，农业生产托管服务小农户数量 559 345 户次。

二、农村改革"十四五"计划

"十四五"农村改革工作的主要思路是：紧紧围绕习近平总书记对推进农村土地制度改革、做好农村承包地管理工作的重要指示和李克强总理批示精神，按照全国农村承包地确权登记颁证工作总结暨表彰电视电话会议部署，扎实推进各项农村改革工作。要稳定农村土地承包关系，抓好农村土地纠纷仲裁调解工作，做好第二轮土地承包到期后再延长 30 年的政策宣传及前期调研。按照中央要求，稳慎推进农村宅基地改革。继续深化农村集体产权制度改革，全面铺开农村集体经营性资产股份合作制改革，大力实施"三变"改革，发展壮大村级集体经济。切实抓好农村产权流转交易体系建设，努力将其打造成为为农服务的综合平台。抓好新型农业经营主体培育，提高农民的组织化水平。

（一）推进农村土地改革，完善农村基本经营制度

1. 抓好确权登记颁证后续扫尾工作，推动承包地常态化管理。专项统筹推进解决暂缓确权问题，精准施策，分类化解消除矛盾纠纷隐患，做到应确尽确、应发尽发，维护好农村社会稳定。完成确权档案规范整理与数字化工作。督促各市县认真履行合同，积极筹措经费，加快确权项目款支付进度。"十四五"期间指导各地建立农村土地承包经营权登记制度，出台有关管理办法，开展承包地常态化管理业务。建立确权成果数据汇交制度，定期向自治区和国家汇交确权变更数据，实现确权登记信息平台互联互通，提高管理和服务的信息化水平。

2. 规范引导农村承包地经营权有序流转，完善"三权分置"政策体系。加强有关财政支持和金融支持的政策，细化实施细则，落实资金鼓励支持土地经营权流转；采取有效措施多种方式做好土地经营权流转的宣传工作，让广大农户认识土地经营权流转的重要意义，调动农户流转土地的积极性；开展农村土地经营权流转示范县创建，加大新型农业经营主体培育力度，推广土地"预流转"模式，加大试点示范力度，鼓励有条件的地方推广"集体＋农户"预流转（入股）模式，引导支持土地经营权有序流转，推动农业产业化规模经营。

3. 抓好农村产权流转交易市场建设，加快全区联网并规范运行。加快广西农村产权流转交易信息服务平台统一联网方案、管理办法和交易规则等政策文件的出台，规范开展农村产权流转交易业务。按照"1＋N"（1个自治区级产权交易机构链接设区市、县若干节点）的

模式搭建自治区农村产权流转交易信息服务平台，实现全区统一联网并正式运行。到 2023 年前，完成自治区级农村产权流转交易信息服务平台的升级改造，进一步升级拓展平台系统功能，逐步实现各种关联系统的数据共享与联通，努力打造农业农村综合服务平台。

4. 稳妥开展二轮承包期到期延包工作。广西大部分地区土地第二轮承包为 2028 年到期，少数村于 2024 年到期。认真贯彻新修订的《中华人民共和国农村土地承包法》和《中共中央 国务院关于保持土地承包关系稳定并长久不变的意见》精神。深入开展调研，在尊重村民群众意愿的基础上，积极探索延包具体办法，适时开展延包试点。强化部门协作配合，建立厅际联席会议制度，为到期延包打好基础。"十四五"期间完成 2025 年前第二轮承包到期地区的延包工作，总结好经验，按到期时间逐步推进其他地区的延包工作。

5. 稳慎推进农村宅基地制度改革试点，按职责做好农村村民乱占耕地建住宅问题整治工作。

（二）深化农村产权制度改革，壮大村级集体经济

1. 强化健全集体资产管理。在农村集体资产清产核资工作成果基础上，建立年度资产清产制度，建好用好集清产核资、财务会计核算、资金审批等功能于一体的农村集体资产监督管理平台。

2. 全面确认农村集体经济组织成员身份。在国家制定出台《农村集体经济组织法》的基础上，进一步加强对各地确认农村集体经济组织成员身份的指导工作，妥善解决好出嫁女及其子孙等特殊人群的成员身份确认问题。

3. 加快推进经营性资产股份制改革。在全面完成村级股份合作制改革的基础上，针对资源、资产以及收益较多的村民小组，指导他们规范有序地开展确权、确员、确股和建立集体经济组织等工作，因地制宜做好股权设置工作，探索赋予农民集体资产股份占有、收益、有偿退出及抵押、担保、继承权能。

4. 建立健全农村集体经济组织运行机制。 做好农村集体经济组织登记赋码及村民合作社撤销登记工作，指导规范农村集体经济组织凭证办理公章刻制和银行开户等事项，完善农村集体资产收益分配制度，探索推动村民委员会事务和集体经济事务分离，提高农村集体经济组织自我管理和自我发展的能力。

（三）大力培育新型农业经营主体

1. 加快推进全区新型农业经营主体培育工作。 实施家庭农场倍增行动计划，指导已获批自治区级家庭农场示范县开展创建工作，新支持创建一批家庭农场示范县；"十四五"期间，全区家庭农场总数力争达到全国平均水平。着重抓好农民合作社规范化提升工程与质量提升整县推进试点工程建设。

2. 建立健全市、县级示范场、社评选机制。 由自治区级家庭农场示范县引领带头，各市、县（市、区）按照"自愿申报、择优推荐、逐级审核、动态管理"的原则，完善修改自治区农民合作社示范社评定监测办法，制定市、县级示范家庭农场评定及监测办法，同步出台示范家庭农场培育扶持政策。积极培育并推荐自治区级示范家庭农场和农民合作社，逐步建立自治区、市、县三级示范家庭场、社培育体系。

3. 加强示范典型推荐宣传。 收集各地新型农业经营主体典型案例，编写优秀典型材料，扩大宣传，打造成熟的发展典型模式、可看可学可推广的示范样板。充分运用各类新闻媒体，加大力度宣传好发展培育新型农业经营主体的重要意义和任务要求。密切跟踪新型农业经营主体发展状况，建立领导干部联系新型农业经营主体制度，点对点帮助新型农业经营主体解决实际困难；宣传好典型、好案例以及各地的好经验、好做法，为新型农业经营主体培育营造良好社会舆论氛围。

广西种业发展"十三五"成效及"十四五"展望

刘　康[1]　龙宜楠[1]

"十三五"期间，广西坚持以农业供给侧结构性改革为导向，聚焦种质资源保护、品种攻关选育、龙头企业培育、品牌示范推广、种业质量监管等方面谋篇布局、精准发力，突破发展瓶颈，不断加强优质种质资源保护和开发利用，推动广西现代种业高质量发展。

一、"十三五"期间广西种业主要成效

（一）推进良种联合攻关，品种选育成效显著

广西率先启动省级畜禽、水产良种联合攻关，拓宽农作物品种试验渠道，形成"产学研用联合育种"模式，实现了农业增效、农民增收。广西品种选育技术得到国家权威专家的认可，中国工程院院士颜龙安评价广西优质杂交稻选育"处于全国领先水平"。袁隆平院士给李克强总理写信，提出加快推进广西自主选育的"华健1号"高油高蛋白玉米用以替代进口大豆的建议。李克强总理、胡春华副总理等国家领导人高度重视，并分别作出批示，要求原农业部研究落实。"十三五"期间，广西共审定农作物新品种1 143个，2018年、2019年、2020年品种审定数量分别排在全国第2位、第1位和第2位，其中，

1　作者单位：广西壮族自治区水产引育种中心。

2020 年水稻品种审定通过 235 个，数量位居全国第一。农作物新品种认定获部标或国标 3 级以上品种数量 150 个，获部标或国标 1 级的品种达 48 个，同比增长 26.32％；在全国率先认定特色农作物地方品种 147 个和水稻绿色品种 6 个；累计选育通过国家审定、具有自主知识产权的畜禽新品种（配套系）13 个，居全国第 4 位；自主选育的"两广二号""桂蚕 2 号"家蚕品种，年推广量分别占广西和全国推广总量的 95％和 50％；"桂糖 11 号""桂糖 42 号"是我国种植比例、推广面积数一数二的自育甘蔗品种。

（二）强化种质资源保护，种业基础逐步完善

注重顶层设计，自治区农业农村厅联合自治区发展改革委、科技厅等 9 部门并经自治区人民政府同意印发了《广西关于加强农业种质资源保护与利用的实施意见》，出台了《广西农作物种质资源保护与利用三年实施方案》《广西畜禽遗传资源保护与利用三年实施方案》等文件，在全区层面统筹抓好广西种质资源保护工作。组织开展《广西"十四五"种业发展专项规划（2021—2025 年）》编制工作，促进种业可持续发展。全面完成第三次全国农作物种质资源普查与收集行动，并通过了农业农村部的验收。推进种质资源圃（库）、保种场、保护区、基因库配套工作，完善机制，逐步建立种质资源保护体系，为选育新品种、保障广西良种供应奠定了坚实基础。截至 2020 年底，全区种质资源保护工作取得了较好的成果，累计建成 7 个国家级及部级、5 个自治区级的种质资源圃（库），保存农作物种质资源及相关材料 8 万余份。其中野生稻、栽培稻、甘蔗、糯玉米种质资源分别约占全国保存总量的 1/2、1/6、1/2、1/3。建成 5 个国家级、28 个自治区级畜禽遗传资源保种场（保护区、基因库），自治区级名录品种保护率 84.38％。建成国家级水产良种场 2 个、自治区级水产良种场 24 个，其中全国现代渔业种业示范场 4 个。"基层反映农作物传统农家种种质资源加速丧失需引起关注""基层反映非保护点野生稻资源堪忧需引起高度重视"两篇信息得到中央办公厅采用，反映野生稻资

源信息得到胡春华副总理批示。"广西狠抓'五个强化'打响种业'突围战'"经验信息在农业农村部《农业情况交流》2020 年第 86 期刊发。

(三)培育现代种业企业，种企发展添新活力

深化种业领域"放管服"改革，为种业企业提供"保姆式"服务；加大财税金融等政策支持力度，积极推动落实广西水稻制种保险政策等，有效强化企业主体地位，激发市场主体活力，为广西种业高质量发展培育打造了一批龙头企业。广西杂交水稻种子市值已超 20 亿元，在全国占比达 15%，排名第一位，其中广西绿海种业有限公司、广西兆和种业有限公司杂交水稻种子销售额分列全国第 5 位和第 9 位。广西美泉新农业科技有限公司生产的香蕉组培苗产销量占国内总产销量的 60%。广西桂柳牧业集团已成为全球最大的种鸭养殖集团。广西扬翔股份有限公司建有世界最大、最先进的空气过滤公猪站，集团下属的广西秀博科技股份有限公司为中国最大的社会化供精企业，猪精年产能 1 000 万袋。

(四)实施种业提升工程，良种基地颇具规模

"十三五"以来，重点推进广西现代渔业种业示范园（核心区）项目建设，落实资金 4 000 万元。完成中国-东盟现代农业种业示范园概念性规划、中国-东盟亚热带果树种业示范园修建性详细规划。积极实施优质种业提升工程，争取国家及自治区财政资金 2.15 亿元，大力支持开展杂交稻等种子（种苗）生产基地和畜禽、水产良种场等良繁基地建设等。重点支持建设的广西农业良种海南南繁育种基地，起步早、标准高，建设运行规范、基地科研生产成果明显，在全国起到标杆作用。截至 2020 年底，在良种繁育基地建设方面，共有国家级良种繁育基地 11 个，有效保障了全区良种供应；在良种产量方面，淡水苗种产量居全国第 3 位，钦州市大蚝种苗产量占全国 70% 以上；在良种覆盖率方面，主要农作物的覆盖率超过 96%，生猪产业的覆盖

率达 95％，肉鸡产业的覆盖率达 99％，水产产业的覆盖率约为 60％。

（五）拓展种业发展空间，国际交流不断加强

加强国际交流，以"两站两区"为载体，通过国际产学研合作，开创共赢新局面。在越南、老挝、柬埔寨、缅甸、印尼等国家建立了中国（广西）-东盟农作物优良品种试验站，在区内建立了 3 个东盟农作物优良品种广西试验站，在文莱、老挝、缅甸创建境外农业合作示范区，在百色市创建境内农业开放合作试验区。2019 年，文莱示范区在文莱创造了"首次实现鱼苗本土化供给"等 3 个第一，农业农村部部长韩长赋称赞该项目为"中文渔业合作优秀示范项目"。

（六）打造优良种业品牌，产业升级步伐加快

注重发挥绿色生态优势，通过举办展销会、"广西好稻米"鉴品推介会、"广西好种好品"擂台赛等活动，引导企业树立品牌意识，加快地方品种产业化开发，为广西种业高质量发展建强了一批"桂"字号优质种业产品。2019 年以来，展示各类农作物、畜禽、水产名特优品种共计 5 473 个次。2020 年，组织举办首届中国（广西）-东盟现代种业发展大会暨广西第十七届"看禾选种"大会、第四届中国（南宁）鲜食玉米大会，袁隆平等 5 位院士发来视频祝贺大会召开。邀请 210 个国内外企业参展，并在田间展示鲜食玉米品种 249 个、水稻品种 646 个和普通玉米品种 228 个，多渠道多途径向全国乃至东盟推介广西水稻、玉米、蔬菜、水果等农作物和畜禽、水产等名特优新品种，以及种子种苗和相关优新技术、产品等，大幅提升了广西优质种业知名度和美誉度。在 2020 年第三届中国·黑龙江国际大米节上，广西 4 个品种获籼米组银奖、1 个品种获铜奖，奖牌总数位列西南地区第一；3 个品种获评籼米组"十大好吃米饭"。在长沙举行的第三届全国优质稻品种食味品质鉴评暨国家水稻良种重大科研联合攻关推进活动上，籼稻组 15 个金奖品种中有 4 个为广西自主选育，前 5 名中广西占据 3 席；在全部 30 个籼稻和粳稻金奖品种中，广西获奖品

种数量位列全国各省第一。组织第三届"广西好稻米"鉴品推介会，评选出"广西好稻米"品种 10 个。启动广西"好种好品"擂台赛，评选出香蕉王以及一批火龙果、"好吃大米"12 个、"好吃糯米"6 个、"好吃特色稻"6 个等优质品种。广西种业工作在农业农村部2018 年、2019 年延伸绩效考核中连续获得特别表扬和优秀等次。

（七）加大市场监管力度，营造健康有序种业发展环境

"十三五"期间，每年在 14 个市全覆盖组织开展种子质量安全年活动，重点针对种子企业、市场、生产基地、植物新品种权执法、种畜禽质量等进行监督抽查，实现种业市场质量监管工作常态化，有效维护种业市场秩序稳定，质量合格率稳定增长。2020 年，共抽查水稻、玉米、蔬菜等农作物种子样品 306 份。其中，冬季种子企业监督抽查 24 家水稻、玉米种子生产经营企业共 43 份样品；春季农作物种子市场专项检查共抽查 147 家经营户 193 份样品；蔬菜种子质量监督抽查共抽查 52 家经营户 70 份蔬菜种子样品。水稻、玉米种子质量合格率从"十二五"时期的 90% 提升到 96.9%，蔬菜种子质量合格率从 82.7% 提升到 96.8%，为广西种业高质量发展营造了健康有序的发展环境。

二、存在问题及困难

（一）种业发展缺乏政策扶持

推进现代种业发展整体工作手段相对滞后，缺乏对现代种业提升工程、良种联合攻关、核心种源科技攻关的定向政策支持和机制性措施，种业基础与现代农业高质量发展要求还不够匹配。

（二）缺乏种业主体企业

具有核心种源育种技术的种业企业数量少，缺少"育繁推"一体化龙头企业，竞争力较弱，在争取国家项目方面无法与先进地区相

比。如国家级 10 个种业产业园，广西未获支持。全国 52 个制种大县、100 个区域性良繁基地，广西仅崇左江州区、来宾兴宾区被列入甘蔗区域性良繁基地。

（三）种质资源保护面临挑战

突出表现在种质资源消失风险加剧，一些地方品种资源数量减少，生产性能下降、血统严重不纯、优秀基因面临丢失，急需提纯复壮。种质资源精准鉴定、评价及新基因发掘不够，科研投入不足，难以满足品种选育的需求，种质资源优势尚未转化为品种优势。

（四）特色品种创新步伐滞后

蔬菜、水果等特色经济作物突破性、优异性品种不多，自主创新优良品种少。畜禽水产制种难度大、周期长、投入多，自主培育的肉猪、肉牛、鱼、虾、贝等新品种（配套系）严重不足，国审难度更大，育种专业人才缺乏，缺少育种资金的持续稳定投入。

三、"十四五"期间广西种业发展重点工作

种业是国家战略性、基础性、高技术核心产业，种业现代化是农业农村现代化的标志性、先导性工程。2020 年中央经济工作会议上，习近平总书记明确提出要解决好种子和耕地问题，开展种源"卡脖子"技术攻关，立志打一场种业翻身仗。结合广西发展实际，"十四五"期间种业发展可以重点从以下五方面着手。

（一）提升种业自主创新能力

把科技自立自强作为种业发展的战略支撑，强化科研组织创新，逐步构建以企业为主体、市场为导向、基础公益研究为支撑的产学研用深度融合的种业创新体系。一是深入实施重大品种攻关创新。配合实施国家畜禽遗传改良计划，培育具有自主知识产权的高产高效、优

质绿色突破性品种。启动生猪等种源"卡脖子"攻关计划，督促参与企业集中力量攻关。二是加快关键技术创新应用。强化基础性公益性研究，加大核心技术、关键设备等领域投入，加快生物育种技术研发应用，提升育种创新效率。加快提升信息化技术在品种测试评价上的应用，健全以核心种群性能测定、遗传评估以及疫病净化为重点的畜禽育种技术体系。三是优化育种创新体制机制。完善品种审定、登记和保护制度，探索建立品种资源、技术成果有条件共享和权益按比例分配的开发利用机制。四是加强人才队伍建设。加强与科研院所交流合作，大力引进高层次人才，改变广西种业高层次人才总量跟不上科技发展需要的局面，切实提升种业科研队伍创新能力。

（二）建设现代化种业基地

围绕粮食和重要农产品生产需求，立足区域资源禀赋优势，推进良种生产标准化、产业集群化，构建广西种业产业链供应链发展新格局。一是优化良种繁育基地布局。支持自治区级良种繁育基地建设，实行优胜劣汰动态调整机制，推动形成属地管理、省级支持的共建格局。二是提升良种繁育基地建设水平。加大种业基础设施建设力度，推进优势基地与优势企业合作，夯实生猪、肉鸡等重要农产品用种保障基础。推动基地管理智能化、生产监测实时化、质量追溯信息化。持续推进广西农业良种海南南繁育种基地提档升级，进一步完善农作物制种基础。三是推进种业产业集群发展。结合实际推动中国-东盟现代农业种业示范园区、现代渔业种业示范园（核心区）、中国-东盟亚热带果树种业示范园等现代种业产业园、现代种业提升工程项目建设，引导优势企业入驻，带动产业链上下游联动、多点集群发展，与种养业深度融合，培育现代种业发展新业态。

（三）做强做优做大产业主体

深化种业市场化改革，破除制约企业发展的各种壁垒，提升企业差异化竞争能力，推进种业产业链现代化。一是鼓励企业加大研发投入力度。统筹现有基本建设、转移支付、部门预算等渠道，健全以政府投入为主、社会多渠道投入的机制，完善金融支持创新体系，引导企业加大研发投入力度，推进人才培养，提升企业核心竞争力。二是支持企业做强做大。以企业规模、创新能力等为主要指标，培育认定具有产业主导能力的种业航母，引领带动种业发展。运用金融资本、产业政策等手段，引导企业加快并购重组、整合资源，完善现代企业制度，培育航母型领军企业。三是引导特色企业做优做精。支持特色企业在蔬菜等经济园艺作物、畜禽地方品种等细分市场发挥作用，形成专用品种、专业技术、独特模式等竞争优势，打造一批特色龙头企业。四是扶持专业化平台企业。培育一批在种业产业链、创新链、供应链环节提供专业支撑或营销服务的平台企业，支持第三方机构开展品种测试、检测检验、制种加工等服务，打造各具特色、优势互补、产学研紧密合作的种业创新生态，促进种业平台经济健康发展。

（四）健全知识产权保护体系

充分发挥知识产权保护制度在市场机制中的重要作用，加快构建高水平种业知识产权保护体系，大幅提升种业高科技成果转移转化成效，营造激励种业原始创新、自主创新的市场环境。一是健全知识产权技术支撑。努力推进位于玉林市的 DUS 测试分中心建设，为广西植物新品种保护工作提供技术支撑。二是优化知识产权服务。支持建立种业知识产权服务机构，提供知识产权登记、信息发布、质押融资、成果托管及执行监督等服务。三是加强知识产权监管。建立知识产权跨部门跨区域联动保护和行政司法协同保护机制，形成"行业管理＋综合执法＋行业协会"的合力，构建以属地为主、部门协同、区域联动、社会参与的监管格局。强化品种审定登记事后监管，完善种业创新保护的正向激励和失信惩戒制度。

（五）建立健全现代种业治理体系

处理好政府和市场、开放与安全的关系，构建职责明确、依法行政的治理体系。一是深化种业"放管服"改革。优化品种准入管理，推动由事前审批向事中事后监管转移。统筹种子质量标准体系建设，推行质量认证。发挥行业协会和社会机构作用，加强行业自律和信用建设，强化评价结果运用。支持第三方参与创新服务，开展品种展示、成果转化、品牌打造等，加快从"政府管"为主向"共同治"转变。二是强化种业安全保障。建立种业安全监测预警体系，提升种业安全风险防控能力。完善救灾备荒种子储备制度，建立健全省级储备体系。三是加强种业国际合作交流。支持与国外机构共建种业研发平台，开展科学研究、资源交换、人才培养。畅通种质资源和优异品种引进通道，加强技术交流合作。支持设立种业国际化专业服务机构，鼓励种业企业参与"一带一路"、东盟合作，在境外设立优良品种试验站，就地深化技术、资本合作，开拓国际市场。

广西现代农业产业园区
建设的现状与对策

陈飞旭[1]　蒋　维[2]

　　党的十八大以来，党中央明确提出了构建现代农业生产体系、产业体系和经营体系，现代农业建设步伐加快，农业现代化水平大幅提升。现代农业产业园区是现代农业三大体系的载体，建设现代农业产业园区，是新时代做好"三农"工作的一项具体抓手，是推进农业农村现代化的重大举措。

　　2017 年，农业部、财政部贯彻落实党中央、国务院关于建设现代农业产业园、培育农业农村发展新动能的决策部署，按照"一年有起色、两年见成效、四年成体系"的总体安排和"先创后认、边创边认、以创为主"的工作要求，启动并批准创建国家现代农业产业园。广西紧紧抓住这一机遇，坚持"姓农、务农、为农、兴农"建园宗旨，加强创建指导，加大政策支持力度，推进规模化种养基地建设，促进一二三产业融合发展，创建一批产业特色鲜明、要素高度集聚、设施装备先进、生产方式绿色、经济效益显著、示范带动有力的现代农业产业园区，成为引领广西农业农村现代化的排头兵、乡村产业兴旺的新样板。

　　1　作者单位：广西壮族自治区水牛研究所。

　　2　作者单位：广西壮族自治区农村经济经营管理站。

一、基本情况

（一）国家级现代农业产业园建设

2017 年以来，累计争取中央财政奖补资金 3.6 亿元，撬动社会资本投入 108.33 亿元，高位推进横县茉莉花、来宾市甘蔗、柳州市柳南区螺蛳粉、都安县优质肉牛肉羊 4 个国家级现代农业产业园创建工作。截至 2020 年 12 月，广西获认定的国家产业园数量居西部省区前列。来宾市国家现代农业产业园于 2018 年通过国家认定，2019 年 4 月作为首批认定的 20 个国家级产业园获得正式授牌，来宾市成为广西首个获得这一"国字号"荣誉的设区市。横县现代农业产业园、柳南区现代农业产业园于 2019 年通过国家认定，横县现代农业产业园认定成绩勇夺全国第一，柳南区现代农业产业园提前一年通过国家认定，同时于 2020 年 11 月获得正式授牌。都安县现代农业产业园 2019 年成功创建，2020 年 3 月通过了国家产业园创建绩效中期评估，累计获得中央补助资金 6 000 万元。

（二）自治区级现代农业产业园建设

2018 年，自治区出台《广西现代农业产业园建设方案》，明确提出 2018 年到 2020 年，在广西现代特色农业核心示范区中升级建设一批自治区级现代农业产业园，并推动自治区级园区向国家级产业园升级打造，形成梯次升级创建格局。截至 2020 年底，累计安排专项资金 3 200 万元（其中自治区财政资金 2 000 万元），每个区级产业园给予 400 万元的补助资金，用于改善产业园基础设施条件，提升公共服务设施、服务能力，补齐精深加工和冷链物流短板，创新推进园区一二三产融合发展等。全区已创建 8 个自治区级现代农业产业园，其中 7 个由自治区现代特色农业核心示范区争创成功，有 4 个布局在国定贫困县（富川县、隆安县、上林县、靖西市）。"十四五"时期，还将积极推动全区现代农业产业园创建形成规模，将于 2021 年底储备

12 个自治区级现代农业产业园创建项目。

（三）广西现代特色农业示范区建设

为加快现代农业发展，广西作出从 2014 年起在全区各地创建各具特色的现代特色农业示范区的部署。2018 年，自治区出台《广西现代特色农业示范区建设增点扩面提质升级（2018—2020 年）三年行动方案》，进一步推动示范区建设。广西把现代特色农业示范区作为农业现代化建设的先行引领，作为探索农村综合改革的重要载体，作为实现"四化同步"的历史责任和当代使命，精心规划，周密部署，大胆探索，全力实施，推动示范区建设从无到有，从少到多，从点到线到面，呈现出"星火燎原"之势，对广西现代农业跨越发展的引领作用日益显现。到 2020 年底，全区共有自治区级核心示范区 339 个、县级示范区 873 个、乡级示范园 3 404 个、村级示范点 15 015 个，核心区面积 592 万亩。全区推进将示范区建设与"三区三园一体"建设有机结合与相互融合，为示范区提档升级打造为产业园储备力量。截至 2020 年底，由示范区升级打造成国家现代农业产业园、国家田园综合体的主体已达 5 个，共获得国家资金扶持超过 5 亿元。

（四）广西特色农产品优势区建设

广西立足"绿色、长寿、富硒"农业资源禀赋，贯彻落实党中央、国务院及农业农村部关于农业供给侧结构性改革的决策部署，安排财政资金 2.25 亿元创建认定永福罗汉果等 30 个自治区级特优区，百色芒果等 13 个项目入选中国特色农产品优势区，数量居全国首位。坚持以绿色食品为特色农产品最低质量标准，高起点推进农产品品牌化发展，扶持了一批如百色芒果、永福罗汉果、融安金橘等特色产业做优做强，惠及农户 1 900 万余户，努力推进亩产值从几千元快速提升到 1 万～2 万元，甚至 3 万元，农产品供给质量明显提升、品牌影响力不断扩大、特优区农民收入显著提高，并高于当地平均水平

20％以上，为高质量打赢脱贫攻坚战奠定了坚实的基础。

二、取得的成效

（一）主导产业发展水平较高

全区 4 个国家级和 8 个自治区级现代农业产业园的主导产业均为本县（市、区）特色优势产业和支柱产业，集中度高、上下游连接紧密，覆盖了广西"10＋3"现代特色农业产业中的 7 个产业，有 11 个产业园以 1 个产业为主导，较好地避免了同质化竞争。来宾市现代农业产业园以甘蔗、畜牧、柑橘种养结合的循环农业为主导产业，主导产业发展水平全国领先，实现了"一根甘蔗吃干榨净"，产业综合效益显著提升，2020 年主导产业产值与总产值比值达 90.5％以上。横县现代农业产业园持续推动主导产业集群发展，形成了"茉莉花＋花茶"等"1＋9"产业群，基本建成世界茉莉花产业中心，2020 年产业园主导产业总产值约 78.06 亿元。现代农业产业园区主导产业涵盖农林牧渔和休闲农业等产业，也涵盖了富硒农业、有机农业、智慧农业、生态循环农业等新业态，其中标准化种植面积达 413 万亩，占比达 69.7％；标准化养殖生猪、牛、羊存栏 523 万头，家禽存栏 6 828 万羽。

（二）一二三产业融合发展

广西现代农业产业园区农产品精深加工水平不断提高，冷链物流及配套设施不断完善。种养有机结合，集生产、加工、收储、物流、销售于一体的农业全产业链逐步构建完善。培育和引进了一批产业链完整、竞争优势明显、带动力强的大型涉农龙头企业，加工企业加快向产业园集聚。农业生态价值、休闲价值、文化价值得到深度挖掘。现代农业产业园呈现一二三产业融合深度发展态势，4 个国家级现代农业产业园的适度规模经营率均达 66％以上，农产品加工业产值与农业总产值比值超 3∶1。自治区现代农业产业园区一二三产业融合

发展水平也不断提升，如恭城县打造柿子精深加工综合利用示范基地，柿子产品加工转化率超82%，建设打造了红岩月柿小镇、月柿博物馆、中国柿子博览园，进一步推进了农文旅融合发展。现代农业产业园区积极拓展农业的休闲观光、乡村旅游、生态保护、森林康养、文化传承等多种功能，有力促进了农村一二三产业融合发展。全区共打造自治区级休闲农业示范区32个，自2018年以来，共接待游客达1.05亿人次，旅游总消费达54亿元，有效带动全区休闲农业和乡村旅游蓬勃发展。

（三）先进农业技术及装备水平广泛应用

现代农业产业园区生产设施条件良好，技术创新能力强，精准化、集约化、智能化发展水平较高，物联网、互联网等现代信息技术得到大力推广应用。农业设施配置先进实用，智能化、信息化、机械化、水肥一体化和病虫绿色防控等设施装备水平较高，有健全的地头冷库、产地冷链物流、电子商务和仓储配套设施和农村电商平台等。如来宾市、柳州市柳南区、都安县3个国家现代农业产业园农作物耕种收综合机械化率分别达85%、74%和72%。全区现代农业产业园区共引进新品种14 078个，运用先进生产技术9 997项；89个水果产业核心示范区应用水肥一体化面积达22万亩，平均每个示范区2 477亩。微生物技术、钢架大棚、种养高效循环等一批新技术得到推广应用。

（四）绿色发展成效突出

广西现代农业产业园区推动建立农业绿色、低碳、循环发展长效机制，农产品质量安全监管体系、检测体系和追溯体系进一步完善。大力推行循环农业和清洁养殖发展模式，畜禽实现高效生态养殖，水产实现循环生态养殖。化肥、农药执行"一控两减三基本"的要求，实现减量增效。因地、因品种推广使用高效节水灌溉，控制农业灌溉用水总量增长。以"绿色生态、长寿壮乡"为底色，打造一批"桂"

字号农产品区域公用品牌、农业企业品牌和农产品品牌。全区产业园区共有"三品一标"品牌农产品 1 547 个、注册商标 1 969 个。现代农业产业园农产品质量安全抽检合格率均达 99% 以上，其中来宾市、横县、富川县、靖西市、隆安县、上林县现代农业产业园内农产品质量抽查合格率达 100%。

（五）带动农民脱贫致富作用明显

广西现代农业产业园区积极推动发展合作制、股份制、订单农业等多种利益联结方式，强化联农带农能力。盘活农村集体资产、资源，发展多种形式的股份合作，农民分享二三产业增值收益有保障。与合作社或龙头企业建立利益联结机制，通过土地流转、务工收入、直接经营、增值共享等方式带动农民脱贫致富。园区范围内的农民人均可支配收入均高于当地平均水平 30% 以上，其中，柳南区现代农业产业园农村居民人均可支配收入达 2.55 万元，高于当地平均水平 50% 以上。截至 2020 年底，全区各级农业产业园区共有农业企业 5 412 家，其中国家农业产业化重点龙头企业 11 家，自治区级农业产业化重点龙头企业 67 家，示范区成立专业合作社 9 936 家，家庭农场 3 428 家，基本构建起"农业企业＋合作社＋家庭农场＋农户"的现代农业经营体系。

（六）政策支持措施有力

现代农业产业园区有"政府引导、市场主导、多方参与"的建设和管理机制，构建了配套的农业服务体系，出台了包括用地保障、财政扶持、金融服务、科技创新、人才支撑等方面的政策措施。2014—2020 年，自治区本级财政已累计安排现代特色农业示范区建设专项资金 16.33 亿元，带动全区各级示范区累计投入财政资金 330 亿元。2019—2020 年，各级财政资金累计投入 5.9 亿元支持现代农业产业园建设，特别是加大对品种引进、品种改良、农产品加工、基础设施配套等方面的支持力度，如都安县出台专门的奖补政策对入园企业在资金上给予大力支持、苍梧县每年在县级财政预算资金中安排 500 万元投入六堡茶产业发展。此外，通过财政担保，撬动金融机构贷款 4.6 亿元和社会资本融资 20.8 亿元投入产业园建设。在政府资金的持续引导下，全区共吸引社会资金投入现代特色农业示范区建设和产业发展超 934 亿元。

三、存在的问题

（一）产业园区建设资金不足

广西现代农业产业园区经营主体规模较小、实力不强、融资渠道不畅，特别是贫困县的财力有限，整合资金难度较大，村集体经济薄弱，对中央和自治区财政资金支持建设仍有依赖性。自治区级现代农业产业园区奖补资金每家仅为 400 万元左右，与国家级产业园 1 亿元的奖补力度差距巨大，难以撬动更多社会资本投入产业园区建设。

（二）产业园区建设用地指标紧张

产业园区大批项目陆续开工或扩建，但建设用地指标远远不能满足需求。例如，柳南区产业园缺少建设用地指标，发展原材料地头收储、农产品加工项目及公共服务设施时，均受到不同程度的用地指标制约，园区内合作社生产及收储场地不够，导致合作社既无法大量向农户收购原料，也无法向企业稳定供货，限制了加工业与种养业的联结发展。

（三）部分现代农业产业园区建设水平不高

一是产业园区面积小、产值低，如靖西市、隆安县实际操作中只按照自治区级现代特色农业示范区规模来打造现代农业产业园，其园区统计主导产业产值仅分别为 0.96 亿元和 0.9 亿元。二是产业化发展水平不够高，园区缺乏实力雄厚、带动能力强的农业龙头企业，品牌创建、加工档次、科技含量有待提升。三是休闲农业、乡村旅游、农村电商等新产业新业态规模较小，农村一二三产业融合发展还有待深化。

四、下一步对策建议

推进广西现代农业产业园区建设，要把握"一个根本"，做到"四个坚持"。"一个根本"，即"姓农、务农、为农、兴农"的园区建设宗旨，始终做到园区为农所建、利益为农所谋，不能搞非农异化，不能打着农业旗号搞"大棚房"经营。"四个坚持"，即坚持集聚建园区，发挥产业园区聚集带动效应，吸引各类先进要素、龙头主体、政策资金向产业园区集中，打造现代农业产业集群。坚持融合强园区，推进"生产＋加工＋科技"一体化，加快一二三产业相互渗透、交叉重组、融合发展，不断延伸产业链、提升价值链、打造供应链。坚持绿色兴园区，把绿色发展理念贯穿于产业园区建设全过程，全面推行绿色生产生活方式，增加绿色优质产品供给，建设天蓝地净水绿的美丽园区。坚持创新活园区，推进政策创新、管理创新、科技创新、产品创新，强化产学研协作，改进农业生产组织方式，完善农民利益联结机制，激发产业园区发展建设活力。

（一）规划先行，优化产业园区布局

将产业园区规划纳入经济社会发展总体规划，科学编制、合理规划，构建产业园区建设体系。规划立足长远，综合考虑产业优势、发展潜力、环境容量和资源承载力等因素。编制规划时要把好边界关，科学确定产业园区的边界，综合考虑经济区位、资源禀赋、发展潜力、环境容量等因素，统筹布局产业园区生产、加工、物流、研发、示范、服务等功能板块。以国家级产业园建设为目标，聚焦特色鲜明、主导产业突出的示范区布局建设，提档升级推进产业园区发展。

（二）因地制宜，形成特色产业集群

精心谋划，科学整合现代特色农业示范区、粮食生产功能区、重要农产品保护区、特色农产品优势区等现有的项目、平台和资源，不断调优产业结构布局，重点整合发展粮食、糖料蔗、水果、蔬菜、茶叶、蚕桑、食用菌、渔业、优质家畜、优质家禽10大种养产业和富硒农业、有机循环农业、休闲农业3大新兴产业。坚持龙头带动、集群发展。大力引进培育龙头企业，强化龙头企业在现代特色农业高质量发展中的辐射带动作用，打造形成一批龙头引领、链条完善、集约发展的农业产业集群。坚持全产业链发展导向，以生产环节为中心，向前后链条延伸，产前把种子、农药、肥料供应与农业生产连接起来，产中产后突出补齐标准化生产、精深加工、冷链物流、市场品牌打造等短板环节，实现产前产中产后一条龙、种养加销一体化，龙头带动显著增强，打造产业链条完备、效益链条凸显的现代农业产业链。

（三）科技引领，提升产业园创新能力

现代农业产业园区的重要标志之一是科技装备水平先进，科技是产业园发展建设的驱动力。加强现代种业科技创新，围绕种业重大科技需求，选育和创制一批新品种，以广西的主要农作物、特色经济作物、家禽水产、花卉苗木等动植物种业发展为重点，提高农产品质量。加强与科研院校的对接合作，鼓励高校、科研院所与农业龙头企业合作，培育基层农业创新创业人才队伍，联合组建科技研发中心、重点实验室、院士工作站等，提升农业先进技术推广应用能力。大范围、高水平组织实施农业科技特派员行动，推进科技特派员与农户建立利益共同体，使先进适用的农业科技成果带给农户真正的实惠。加快推进"互联网＋现代农业"，推动各类信息技术在农业产业园中的应用，综合运用大数据、物联网、移动互联网等技术。创新推广科研成果参股、技术人才领办企业和兼职取酬等方式，吸引企业和科技人才入园投资兴业，把产业园区建成创业创新的"摇篮"。

（四）补齐短板，促进产业融合发展

现代乡村产业是集产加销游为一体的多功能产业。应在延伸产业链上提质，着力补齐农产品加工短板，提高农产品精深加工水平。农产品加工是"接一连三"、延长农业产业链的中心环节，是提高农业整体效益，增强产业稳定性和竞争力的关键。引导加工企业向产业园区集聚，布局建设一批烘干、保鲜、包装、储藏等初加工和商品化处理设施，在产业园区核心区开展精深加工，提升农产品附加值。配套建设农产品批发市场、冷链物流体系，鼓励大型电商企业入驻产业园，确保产得出、卖得好。积极发展休闲农业、乡村旅游，大力培育农机作业、统防统治、土地托管、品牌策划、市场营销等新型服务主体，打破地域和行政区域界限，在产业规模较大、集中度较高的地方，实行一企带多园、一园带多户。

（五）质量兴农，打造区域特色品牌

坚持质量兴农、绿色发展，坚持科技和改革创新驱动，坚持特色、生态、优质、高效发展，实施特色农业强优工程，突出强龙头、补链条、聚集群、提品质、创品牌，加快转变发展方式，推动现代特色农业技术升级、改革升级、产业升级，构建现代农业产业体系、生产体系、经营体系，推动农业由传统、粗放、低效向现代、特色、优质、高效方向转变，促进粮食增产、农业增效和农民增收。大力推进有机肥替代化肥，发展绿色防控、节水灌溉，抓好秸秆、农膜、畜禽粪污资源化利用，大力推进全程标准化生产，尽快实现质量安全追溯管理全覆盖，建立更为严格的质量安全监管和责任追究制度。加强品牌认证和监管，积极搭建品牌农产品营销推介平台，提升品牌公信力。

（六）机制创新，实现多元化利益联结

着力建立企业、合作社和农民间紧密的利益联结机制，让农民分

享二三产业增值收益，带动农业升级、农民增收、农村发展。推广土地承包经营权入股、财政补助资金股权化改革等新的利益联结机制，让农民长期享受持续稳定的收益。探索产村相融、园村共建等模式，带动改善周边乡村水电路气信等设施条件，鼓励村集体以集体资产特别是集体建设用地量化入股等形式参与产业园建设，促进村集体经济、乡村发展与产业园区同步壮大。

广西奶水牛产业发展现状与对策

徐艺铟[1]　黄钰涵[1]　陈飞旭[1]

水牛以耐粗而著称，其适应性强、耐高温高湿、抗病力强、耐粗饲、易饲养。水牛奶乳汁浓厚，奶质优良，营养丰富，堪称乳中极品，具有商品价值高、经济效益好等特点。中国拥有丰富的沼泽型水牛资源，而广西则拥有居全国首位的水牛种源数量。但由于长期以来未加以科学合理的开发利用，广西水牛资源应有的价值没有得到充分体现。发展奶水牛产业，是盘活广西现有奶水牛存量资源、促进农民增收、推进广西畜牧业经济发展的重要路径。

一、广西奶水牛产业的市场前景

(一) 广西奶水牛产业蓬勃发展

经过60多年的发展，奶水牛产业已成为广西特色鲜明、前景可观的优势产业，是广西畜牧业的重要组成部分。2020年，广西奶水牛存栏5.1万头，商品水牛奶产量占全国的50%，相关产业产值近100亿元，水牛奶产量和产业产值均居全国首位。其中，水牛奶加工产值22亿元，杂交奶水牛养殖产值13亿元，杂交肉牛产值50亿元，优质种牛、水牛肉牛和生鲜乳供不应求。带动饲草种植、饲料加工产值15亿元。预计至2021年末，广西奶水牛存栏可达5万头，水牛奶

1　作者单位：广西壮族自治区水牛研究所。

加工产值可达 40 亿元，同比增长将突破 150%。

（二）奶水牛产业发展潜力巨大

随着经济的发展和生活水平的提高，奶产品需求不断增加。但中国奶业与国外相比仍有较大差距，以奶酪为主的高档奶制品产业发展几乎是空白，未来的乳产品消费市场巨大，前景广阔。根据自然条件、资源和发展基础，广西发展奶水牛业有条件、有优势、有机遇、有发展空间，有望将其培育成为广西一个新兴的特色大产业。

一是奶水牛产业成为国家奶业振兴重要支持产业。2007 年，国务院印发《关于促进奶业持续健康发展的意见》，明确把发展南方奶水牛养殖作为解决奶业发展"北多南少"矛盾的主要途径。2018 年，国务院办公厅发布《关于推进奶业振兴保障乳品质量安全的意见》，奶水牛在国家奶业振兴战略体系中被定位为解决南方地区喝奶问题的重要补充。2019 年，农业农村部、发展改革委、科技部、工业和信息化部、财政部、商务部、卫生健康委、市场监管总局、银保监会《关于进一步促进奶业振兴的若干意见》中指出，支持开发水牛奶等特色乳制品。在"十四五"全国奶业振兴规划中，奶水牛被列入广西区域奶畜重点支持对象，支持 45 个规模场建设。

二是水牛奶市场前景巨大。据国家有关科研部门测定，1 千克水牛奶的营养价值相当于黑白花牛奶 1.85 千克的营养价值，锌、铁、钙含量特别高，氨基酸、维生素含量也非常丰富。水牛奶因其独特的口感、营养价值高、稀缺等特点广受消费者追捧。水牛奶因其稀缺性和功能性的优势，更能满足国内消费者日益强烈的"喝好奶"的需求。2020 年，在全国经济下行压力增大的形势下，水牛奶市场仍坚挺且逆流而上，仅上半年龙头企业销售额已达到 2019 年的全年产值。

三是水牛肉市场前景广阔。肉牛业是奶牛业的嫡亲产业，美国约 50% 的牛肉来自奶牛产下公犊育肥和部分淘汰奶牛。随着奶水牛业的发展、能繁母牛的增多，新生的水牛犊也将随之增多，其中约有 50% 是小公牛犊。杂交水牛生长快，肉质好，出肉率高。据测定，摩杂一代水牛 12 月龄体重 180～200 千克，18 月龄体重 227～237 千克，2 岁体重达 300～320 千克；成年公牛体重达 755 千克，比本地公牛体重高 25%，成年母牛体重 455.8 千克，比本地母牛体重高 34.1%。随着人民生活水平的提高和健康意识的增强，国内居民对生态、优质的肉制品需求不断增加，加之泰国等东盟国家进口水牛肉需求旺盛，水牛肉国内国际市场前景广阔。

二、广西奶水牛产业发展的条件和优势

（一）广西奶水牛产业发展的基础条件

1. 牛源充足。 2020 年，广西水牛存栏 418 万头（其中奶水牛 4 万多头），能繁母水牛 180 万头，占全国能繁母水牛总量的 19%。

2. 饲草资源丰富。 广西为亚热带气候，雨量充沛，温光条件好，有草山草坡 9 700 万亩，适宜各种牧草和植物生长。据统计，广西有可供饲用植物品种 1 113 种，优良饲草有 337 种。广西年种植甘蔗 88 万公顷左右、水稻和玉米共 230 万公顷左右，还有花生、大豆、红薯等农作物以及农作物秸秆等，饲草资源完全能保证奶水牛产业发展的需要。

3. 品种改良取得重大突破。 以牛种公牛站为依托，在全区形成了"冻精生产（种公牛养殖）—市冻精站—县供精站—乡镇供精点—人工授精技术员"的供繁体系，为奶水牛品种改良，培育高产优质奶水牛奠定了较好基础。

4. 水牛奶产业群众基础坚固。 广西农村原有水牛饲养数量大，将农民家中现有的水牛由役用转为乳肉兼用的商品牛，成本低、投资少、技术容易掌握，经济效益显著，农民群众饲养奶水牛的积极性不断提高。灵山、合浦、北流、武宣、江州、武鸣等奶水牛养殖大县（市、区），大多数养殖户主动饲养奶水牛，并有计划增加养殖数量，扩大养殖规模。

5. 龙头企业初具规模。 广西乳业龙头企业发展迅速，龙头带动作用显著。各乳业龙头企业的产品已打开全国市场，广西水牛乳品牌

知名度不断提高。在政府推动，公司牵头，协会和合作社组织下，以市场为导向，以经济利益为纽带，可以有效带动农民采取规模化养殖、标准化生产、科学化管理的方式饲养奶水牛，进一步推动奶水牛产业规模化发展。

（二）广西奶水牛产业发展的优势

1. 种源优势突出。广西水牛研究所水牛种畜场作为全国水牛杂交改良最主要的供种单位，存栏摩拉水牛、尼里-拉菲水牛和地中海杂交水牛近 900 头，年产种牛 300 头以上。广西成为全球唯一拥有三大乳用河流型水牛种质资源的地区。

2. 区位优势明显。广西地处华南经济圈、西南经济圈和东盟经济圈的接合部，是我国西部大开发地区唯一沿海区域，也是我国与东盟国家既有海上通道、又有陆地接壤的区域，区位优势明显，战略地位突出。国务院批准实施的《广西北部湾经济区发展规划》，为加快水牛奶产业发展构建了一个既可吸纳资源又可辐射产品技术的平台。

3. 财政支持力度加大。近年来，中央和自治区有关部门不断加大对奶水牛产业的财政支持力度，重点支持以下四方面工作：一是良种繁育体系建设，重点建设广西水牛研究所、广西畜禽品种改良站和广西各地的人工授精配种站，建立和完善广西的良种繁育体系；二是水牛科研方面，重点开展对奶水牛的生物技术、饲养管理、应用示范和水牛乳制品的深加工等研究；三是规模养殖示范，重点支持奶水牛养殖小区的建设；四是饲草开发，主要用于优良牧草的培育推广和农副产品的饲料化应用等。广西的水牛良种繁育体系逐步建立，极大提高了良种繁殖能力。

三、广西奶水牛产业发展面临的问题

（一）优良品种繁育技术瓶颈难突破

中国水牛属沼泽型品种（染色体数量 2N＝48），长期用于劳役，产奶水平较低，约 700 千克/（年·头），而国外河流型水牛（染色体数量 2N＝50），产奶水平较高，约 2 500 千克/（年·头），优秀群体产奶量高达 5 000 千克/（年·头），通过杂交改良，本地水牛产奶性能将得到大幅度提升。但由于广西水牛遗传改良工作滞后，优质饲料的生产加工落后，不足以保证季节平衡供给、营养全面需要，严重制约奶水牛生产潜能的充分发挥。且水牛性成熟晚、发情表现不明显、产犊间隔长，故其繁殖率较低，约 1.5 年 1 胎，造成杂交改良效率低，产业发展速度受限，所需求的基础母牛群体规模严重不足。

（二）良种种源更新推广难度大

广西从国外引进的 2 个河流型水牛品种历史悠久，历经近半个世纪的杂交改良利用，近交系数逐年增加，长此以往将导致杂交后代生产性能下降。广西水牛人工授精覆盖率区域差别极大，从 21％到 82％不等，平均约为 30％。部分地区杂交改良意识不强，良种公牛引进不足，一些奶水牛养殖场（户）使用杂交公牛与杂交母牛本交，导致后代母畜产奶量平均单产仅为 1.2～1.5 吨，与原河流型品种和高代杂交后代平均单产 1.8～2.2 吨的水平有较大差距。

（三）养殖存在"小、散、低"问题

广西的水牛历来是家庭饲养，分散在千家万户中。在奶水牛业发展初期，奶水牛多粗放式饲养，加上各种现实条件制约，规模化饲养对大部分农户而言存在很大困难。如广西饲养 10 头以上水牛的仅有 229 户，占全区奶水牛饲养户数的 1.5％。奶水牛产业规模小、牛分散、产量低，挤奶水牛数量少，规模化生产程度低，优势区域尚未形成，标准化生产水平低，产奶水牛的生产性能未能得到完全发挥。

（四）企业与农民间利益联结机制不成熟

乳制品加工企业缺乏稳定的奶源基地。当前，奶农多是分散而独

立的奶牛生产单元。在收购原料奶时，多由企业单方面决定原料奶质量和价格（2018—2019 年初为 7～8.5 元/千克，各乳企价格差异较大）。此外，地方政府未建立社会化服务检测平台，缺乏有效监督，原料奶的收购未能体现优质优价，致使企业与奶农没有真正形成"风险共担，利益共享"的共同体。利益联结机制不成熟、农民与企业利益分配不均等矛盾，均严重制约了广西奶水牛产业的发展。

（五）终端产品未能驱动奶源的高效安全生产

现阶段终端市场需求发展迅猛，而水牛乳产品质量及安全规范不足，深加工技术创新性缺乏，产品与黑白花牛奶产品同质化严重，附加值不高，终端产品良莠不齐，结构与经济效益未能体现水牛奶优势特色。企业核心竞争力、产品市场竞争力也受到制约，极大影响了水牛奶产业链的高效发展。

四、发展广西水牛奶产业的总体思路

（一）加强规划引领和品牌宣传

加强规划指导，将奶水牛产业列入广西"十四五"规划重点推进，在全国首先打造奶水牛特色产业，在环保、土地租赁、税收等方面给予政策优惠，加大对奶水牛产业的专项财政资金投入力度，促进奶水牛产业快速发展。强化水牛奶产品宣传，开展奶水牛文化活动，提升广西水牛奶产品的知名度和影响力。

（二）推行规模化专业化标准化养殖生产

大力推进奶水牛规模养殖示范小区建设，改变传统的个体分散饲养模式，建立奶水牛"粪尿—沼气、沼渣、沼液—饲料、粮食—奶水牛—奶产品"生态协调发展模式，逐步形成较大型的专业养殖小区和由此组成的稳定的奶源基地。以农民自愿为前提，按照市场运作的方式，在农民投入为主的基础上，政府给予适当扶持，按照统一规划、集中建设的要求进行规划建设。养殖示范小区的规模以 300~500 头为宜。在牧草种植、饲料配制、栏舍建设、挤奶、防疫等方面，按照无公害标准化的要求组织生产，实行饲养—产奶—收购—加工全过程无公害控制，打造优质、安全、无公害水牛乳品牌。强化质量意识，加强对奶水牛养殖投入品的监管，建立健全生产过程档案记录，确保乳品质量安全。

（三）实施奶水牛种业提升工程

自 20 世纪 90 年代最后一批冻精引进至今，广西的摩拉和尼里-拉菲水牛种源未再得到血统更新，长此以往将会导致种源退化。大力实施奶水牛种业提升工程，多渠道争取各级政府支持，加快引进摩拉和尼里-拉菲水牛种质资源，解决良种血统更新问题，加强种业科技创新，统筹推进遗传改良工作。

（四）加大奶水牛产业科技支撑力度

1. 加强重大关键技术攻关队伍建设。以水牛奶业亟待解决的重大关键技术领域人才为重点，聚集国内和区内研究、教学、推广机构和企业人才力量，加强重大关键技术攻关队伍建设。建立健全产业技术服务机构和网络，鼓励开展具有自主知识产权的研究，实行多学科、多领域的联合攻关，形成支撑奶水牛产业高效持续发展的技术体系，重点推广奶水牛先进适用技术，加快科技成果的转化和推广。

2. 加强高附加值乳制品的研制开发。鼓励乳企在水牛奶精深加工领域的科技创新，支持企业引进、消化和吸收国外先进技术，加强具有自主知识产权的研究，加快开发高附加值的特色水牛乳制品，提高产品质量和附加值，着力打造广西水牛奶国家地理标志品牌，形成"桂系"特色乳产品名片，提高广西水牛乳制品市场竞争力。

3. 开展水牛疫病防治技术攻关。加强对危害水牛健康的重要疫病如结核病、布病、牛出败等疫病的发生、发展、演变规律的研究以及免疫、快速诊断、监测技术的开发研究，开展对外来疫病如牛结节性皮肤病等防范技术研究，全面提高对水牛疫病的预防、诊断和控制技术水平。

4.加强奶水牛专用配方饲料研究开发。支持科研部门、养殖户对奶水牛不同生长阶段营养需要的研究，根据广西各地饲料资源特点，合理、高效利用粗饲料资源，提高奶水牛生产性能。

5.建立完善全过程质量控制体系。加快制定奶水牛标准化饲养操作技术规范，规范奶水牛饲养；加强原料奶及其乳制品全程质量控制技术体系研究，确保产品达到无公害或绿色食品要求。加快推进奶水牛主要疫病的快速诊断技术、疫苗、兽药研究，制定奶水牛重大疫病检疫技术标准，研究和制定奶水牛场疫病防治技术规范，规范种牛的引种和贩运，防控重大疫病发生。

（五）引导适度规模养殖，重点打造水牛奶业强县区

一是在广西布局3～5个奶水牛产业重点发展县区，树立示范和典型；二是设立产业扶持专项资金，重点支持示范县区发展，通过集中配制，建设一批适度规模奶水牛养殖场；三是以融资、用地、水电优惠政策及适度扶持资金补助等方式，鼓励大型企业投入上游产业，建立一批存栏500头以上现代智慧牧场，实现龙头乳业一体化融合发展。在完善现有发展模式的基础上，积极稳妥地培育和发展农民养牛合作社、企业与农民加工合作社等新型发展模式。充分发挥行业协会作用，积极促进产加销协调发展，引导企业与农民建立利益共享、风险共担的经营机制，防止乳品市场好时企业高价抢购、农民掺假掺杂，乳品市场不好时企业压质压价、农民卖牛宰牛，产业大起大落的现象发生，确保奶水牛产业持续快速健康发展。

（六）加大财政投入力度，多渠道筹措发展资金

奶水牛品种改良周期长、见效慢，急需构建以政府投入为引导、企业和农民投入为主体、金融投入为支撑、社会投入为补充的融资体

系，为奶水牛产业发展提供稳定的资金保障。

加大财政资金对水牛奶产业发展的投入。将水牛奶产业发展纳入各级政府财政预算，重点支持奶水牛良种补贴、种牛繁育、技术推广、科技攻关、农民购牛贷款贴息、良草种植补贴、基础设施建设、奶制品标准化和检测体系建设、新建项目和新产品开发、市场开拓、人才培训等。农业综合开发资金应重点支持奶水牛养殖小区基地建设。奶水牛重点养殖的市、县政府在财政预算上要向奶水牛产业倾斜，加大资金投入力度。整合发改委、畜牧、科技、经委、农业、扶贫、林业、水利、农村能源、交通、新农村建设、技改、农产品加工等方面资金，按照来源不变、渠道不变的要求，集中力量，重点扶持奶水牛产业的发展。

多渠道发展水牛奶产业。要广泛吸引社会资金参与水牛奶产业的开发，引导、鼓励社会资本参与奶水牛养殖，多渠道引进资金发展水牛奶产业。一是采取银行贷款、企业上市、引进投资者和合作伙伴等多种方式广泛筹措资金，加大投入力度，增强加工能力，做大做强企业本身。二是培育龙头企业，引导工商企业投资开发水牛奶产业，在全区形成数家产值十亿元以上的大型、特大型水牛奶龙头企业，进一步推进奶水牛业产业化经营。三是引导现有奶制品加工龙头企业加大投入力度，扩大奶水牛养殖规模，提升奶制品加工能力，提高产品质量和市场占有率。四是通过承贷承还或贴息的办法，争取银行放贷支持农户发展奶水牛养殖，扩大养殖规模。五是投资发展养殖小区建设，引导农民走规模化养殖之路。六是投资和引导个体户、农民合建鲜牛奶收购站。七是加强与国际相关组织的联系，积极争取联合国粮农组织、世界银行、世界环境保护机构等国际组织的援助，加快广西水牛奶产业的发展。

（七）进一步提高社会化服务水平

积极发展以奶水牛养殖协会、奶水牛生产服务站等组织为龙头的各类专业合作组织，充分发挥协会在技术指导、信息服务等方面的积极作用，通过协会架起桥梁，为奶水牛饲养者提供种牛繁育、品种改良、饲养管理、疫病防治、原料奶收购等全方位的服务，引导农民按市场需求和标准组织生产，提高生产的组织化程度。扶持建立第三方公证的牛奶交售质量标准检测站或检测中心，制定水牛奶收购标准，实施按标准收奶，解决奶农和乳品厂在牛奶质量标准与定价方面的矛盾。加大牛品改技术员队伍、配种员及养牛户的科技教育培训力度，提高畜牧科技推广人员和农民的科技素质。

（八）加强饲料基地建设，保证饲料供应

积极推广人工种草，加强农作物秸秆的开发利用，为发展奶水牛产业提供物质保障。建设牧草品种选育和繁殖基地，加强对产草量高、蛋白质含量丰富、抗逆性强的牧草品种的选育，筛选和推广适于广西大面积种植的优良牧草品种。调整优化种植业结构，大力发展人工种草，把草食动物发展与退耕还草结合起来，改"粮食作物-经济作物"二元种植结构为"粮食作物-经济作物-饲料作物"三元种植结构，宜粮则粮，宜草则草，大力推广种植"桂牧一号"等高产牧草。推广在果园、林地套种豆科牧草，大力推行草田轮作、间作制度，广辟牧草种植渠道。充分利用农作物秸秆及加工副产品，重点做好甘蔗尾梢、玉米秆、花生藤、稻草、菠萝皮等的开发利用，大力推广秸秆青贮、微贮、氨化技术，提高秸秆利用率，降低饲料成本，提高青粗饲料的加工利用水平。引导和扶持在奶水牛养殖集中区或甘蔗生产集中区建立饲料生产、配送中心，提高饲料的有效供给和农作物秸秆利用效率。

（九）引导农民加大投入力度，加快奶水牛基地建设

农民是水牛资源的拥有者，是实施奶水牛改良的主体，也是发展奶水牛投资的主体。鼓励动员农民在政府和企业的支持下，以投工投劳为基础，加大对水牛品种改良的投入力度。主动争取改良现有水牛品种，加大投入力度饲养好杂交母水牛；购买杂交奶水牛，扩大养殖

规模；加大对牛舍和养殖小区的投入力度，建设规范化的牛舍或养殖小区；购置优质牧草良种，保证饲料供应；积极筹措基础设施配套资金，争取有关部门的支持，加快养殖小区、村庄的道路、水等基础设施建设。

广西打造高端特色新型智库助力
乡村振兴的现状与对策建议

莫丽君[1]　许忠裕[2]

"十四五"时期，我国进入全面推进乡村振兴和农业现代化的新阶段。要积极探索用好智力资源、发挥好智库作用，走出特色新型智库助力支撑广西乡村振兴的特色路径，为在农业农村现代化新征程中实现"起步就要提速，开局就要争先"提供支撑。

一、推进乡村振兴领域智库建设的重大意义

（一）贯彻落实习近平总书记和中央关于智库建设部署要求的实践进路

在奋力实现"两个一百年"奋斗目标的实践进程中，特别是党的十八大以来，以习近平同志为核心的党中央高度重视发挥智库作用，着力加强特色新型智库建设。习近平总书记多次对建设中国特色智库作出重要批示，指出要积极探索中国特色新型智库的组织形式和管理方式。党中央和国务院还发布一系列重要文件对加强智库建设作出了部署要求，在《中共中央关于全面深化改革若干重大问题的决定》中提出了加强中国特色新型智库建设的任务，印发《中共中央办公厅

1　作者单位：广西壮族自治区决策咨询委员会办公室、广西特色新型智库联盟秘书处。

2　作者单位：广西壮族自治区农业科学院。

国务院办公厅关于加强中国特色新型智库建设的意见》对中国特色新型智库建设作出了明确的部署，更是在 2018 年中央 1 号文件《中共中央 国务院关于实施乡村振兴战略的意见》中进一步明确提出要"建立乡村振兴专家决策咨询制度，组织智库加强理论研究"。农业农村部作为实施乡村振兴战略国家层面的牵头部门，对智库建设助力实施乡村振兴战略也作出了具体部署，印发了《中共农业部党组关于加强农业农村经济发展新型智库建设的意见》（农党组发〔2015〕53 号），提出"推进农业农村经济发展新型智库建设，建立健全重大决策智力支撑体系"。广西作为全国的农业大省区，构建全面推进乡村振兴战略智库体系，是贯彻落实习近平总书记和中央关于智库建设部署要求，结合发展实际创新探索智库建设的实践进路。

（二）增强广西全面实施乡村振兴战略决策咨询和顶层设计的智力支撑

党的十九届五中全会和《中共中央关于制定国民经济和社会发展第十四个五年规划和二〇三五年远景目标的建议》作出了一系列顶层设计，勾勒出一幅到 2035 年基本实现社会主义现代化的美好画卷，提出了"全面推进乡村振兴、加快农业农村现代化"的一系列重要部署和重大举措。自治区党委十一届九次全体（扩大）会议和《中国共产党广西壮族自治区委员会关于制定国民经济和社会发展第十四个五年规划和二〇三五年远景目标的建议》，就"坚持农业农村优先发展，全面实施乡村振兴战略"进行了具体部署要求。"十四五"时期，广西乡村振兴战略进入了全面实施、全面推进的新阶段，夯实农业"压舱石"、稳住农业农村经济"基本盘"、补齐农业农村现代化"短板"的要求更加凸显、更为紧迫；作为"十三五"时期脱贫攻坚的主战场，进入"十四五"规划期以后在巩固拓展脱贫攻坚成果同乡村振兴有效衔接上难度更大；作为传统的农业大省区，大力发展现代特色农业的任务更重；在持续擦亮"美丽广西"乡村建设名片基础上，扎实推进乡村建设行动的起点更高。在立足新发展阶段、贯彻新发展理念、构建新发展格局大背景下，做好"三农"工作，全面推进乡村振兴和加快农业农村现代化的重大任务实现、完成，都需要智库发挥重要作用，通过与时俱进的理论创新和系统化的智力支撑，增强广西全面实施乡村振兴战略的决策咨询能力和顶层设计。

（三）推进乡村振兴领域智库建设是广西特色新型智库建设的重要内容

近年来，广西十分重视特色新型智库建设，在智库培育、高端特色新型智库打造等方面进行了一系列的创新实践与积极探索，特别是在自治区层面成立了广西特色新型智库联盟，初步建立了服务经济社会发展的智库体系。自治区党委办公厅、自治区人民政府办公厅印发了《关于推进广西高端智库建设试点工作的实施意见》，确定11家智库单位为广西首批高端智库建设试点单位、20家智库单位为广西首批高端智库建设培育单位。在自治区党委、政府的高度重视和大力支持下，在广西特色新型智库联盟的高位组织和大力推动下，广西在加强特色新型智库建设上步子很大、成效很实，培育形成了一大批快速发展的各领域智库、各行业智库，取得的研究成果为广西经济社会发展提供了重要的决策参考。智力资源是服务经济社会发展最宝贵的资源，智库建设要立足于经济社会发展、聚焦于经济社会发展，广西过去几年的实践和探索也表明，智库在重大决策的构建上、在重大战略的实现上有着无可取代的优势。因此，主动应对当今世界的大变革，主动引领当前广西的大发展，提高"三农"工作和实施乡村振兴战略的战略性、前瞻性、科学性，急需把特色新型智库建设特别是全面推进乡村振兴战略智库体系建设作为一项重大而紧迫的任务，这既是广西发展的时代要求，也是广西特色新型智库建设的重要内容。

二、广西推进特色新型智库建设的总体情况

（一）健全体制机制，特色新型智库体系建设走在全国前列

一是构建了"1＋1＋6＋4"的广西特色新型智库体系。在自治区党委、政府的谋划部署和高位推动下，广西已建立形成"1＋1＋6＋4"的特色新型智库体系，即以 1 个决策咨询委员会为统筹，以 1 个智库联盟为协调，以党政部门智库、社科院和党校行政学院干部学院智库、高校智库、科技创新智库、企业智库、社会智库等 6 类智库建设为主体，以专家库、信息库、成果库、需求库等 4 种服务平台为支撑的广西特色新型智库体系。二是出台了一系列有分量的政策文件。2015 年以来，自治区党委、政府围绕推进特色新型智库建设，先后出台了《关于加强广西特色新型智库建设的实施意见》《关于推进广西高端智库建设试点工作的实施意见》等文件，为特色新型智库建设明确了顶层设计、提供了政策保障。三是创新了高端智库的培育建设。目前，已确定 11 家高端智库试点单位和 20 家高端智库建设培育单位，广西成为全国第一个成建制、有体系推进高端智库建设，并以自治区党委、政府名义确立高端智库试点单位、培育单位的省份。

（二）注重整合资源，智库建设水平不断提升

一是注重项目资源的整合。坚持需求导向、质量导向和问题导向，在自治区层面由广西特色新型智库联盟牵头和协调，采用"智库＋智库""智库＋部门""智库＋咨询专家"的"智库＋"方式组织开展智库项目，实现智库与项目之间的有效配置和优化组合，确保研究成果出优品、出精品。二是注重平台资源的整合。充分发挥广西特色新型智库联盟作为广西智库建设最大平台的作用，健全完善智库联盟基础数据库，搭建了信息库、需求库、成果库、专家库等 4 个服务平台，为智库开展决策咨询研究活动提供信息支持；探索建立政府部门和智库单位之间的沟通机制，由广西特色新型智库联盟将各地各部

门的研究需求向咨询专家和智库单位发布，持续跟踪智库决策咨询研究项目推进情况，围绕自治区党委、政府重点工作不定期组织专家库专家建言献策，提升智库开展决策咨询研究活动的方向性；加强智库建设的培训和指导，广西特色新型智库联盟每年都举办高规格的智库研讨会和智库专家培训班，并联合成员单位开展智库活动，如与同方知网（北京）技术有限公司广西分公司联合举办"治理能力现代化知识创新服务论坛暨知识创新助推智库高质量发展研讨会"，与广西乡村振兴战略研究会联合举办"脱贫攻坚与乡村振兴有效衔接论坛暨广西'十四五'农业农村发展研讨会"等。三是注重人才资源的整合。广西特色新型智库联盟在整合智库成员单位专家人才的基础上组建了专家库，已有来自各行业各领域的106位专家成为专家库专家；各智库在探索和创新引才育才用才制度上也拿出实招，广西社会科学院创新以"学部＋团队"科研组织形式来培育学术领军人才、学科带头人和青年骨干人才，广西创领科技咨询有限公司通过智库专家咨询合伙人机制等制度创新来吸纳国家级专家超过50名。

（三）突出课题研究，智库服务重大决策的成效十分明显

在推进特色新型智库建设和培育打造高端智库过程中，广西突出以课题研究来加强智库的能力建设，自治区层面每年都围绕党委、政府的中心工作和经济社会发展的重点、难点、热点问题，组织委托智库开展具有长远性、前瞻性、整体性、系统性、针对性的重点课题和专项课题研究。近年来，全区各级各类智库的课题成果十分丰硕，服务重大决策的成效十分明显。广西特色新型智库联盟在2017—2020年共组织智库机构开展重大课题研究119项，形成了一批高质量的成果报送自治区党委、政府作为决策参考，多项成果获得自治区领导肯定性批示。如2018年围绕"西部陆海新通道建设与发展"问题、2019年围绕"广西加快推进乡村振兴建设"问题分别开展了10项系列重点课题研究，系列课题研究报告共获得6项次自治区领导肯定性批示。

三、广西乡村振兴领域智库建设的现状分析

（一）广西乡村振兴领域智库建设的发展态势

当前，广西乡村振兴领域的智库建设总体上呈现出积极态势。在数量上，据不完全统计，全区专注致力于乡村振兴领域的智库达 30 家以上，其中 1 家列入首批广西高端智库建设培育单位。在层次上，这些智库分别分布在自治区、市、县等各级层面，且依托自治区级机构设立、隶属自治区级单位主管的智库占据绝大多数，从总体上看智库设立的层次较高，具备一定的研究力量基础，其中属于广西特色新型智库联盟成员单位的有 12 家、由广西社科联主管的有 12 家、由自治区民政厅主管的有 6 家、由自治区农业农村厅主管的有 4 家、由广西社科院主管的有 7 家等。在覆盖面上，自治区级的研究机构基本上均设立了乡村振兴智库，如广西农业科学院成立了"广西乡村振兴战略研究院"、广西社会科学院成立了"乡村振兴研究院"、广西农业职业技术学院成立了"广西乡村振兴学院"等。在服务发展上，一方面有关业务主管部门十分重视乡村振兴领域智库的培育建设和扶持发展，另一方面各智库通过积极承担各级党委政府及有关部门课题研究、开展专题调研、举办高层次研讨会、参与规划编制、提供决策咨询等方式发挥智库助力乡村振兴的作用，特别是形成了一批高质量的研究报告成果，如广西特色新型智库联盟 2019 年设立乡村振兴与脱贫攻坚重点课题系列，委托 10 家智库开展研究，系列研究成果得到多位自治区领导批示，为广西推进乡村振兴、打赢精准脱贫攻坚战提供了路径和对策；自治区农业农村厅牵头组织开展"十四五"农业农村发展第三方委托课题研究 17 项，充分吸纳乡村振兴领域智库直接参与"十四五"谋划，为广西"十四五"规划编制提供了前期研究思路；自治区党委农办委托第三方智库广西乡村振兴战略研究院研究发布《广西乡村振兴蓝皮书 广西乡村振兴报告》（每年一册），为全区各市县推进实施乡

村振兴战略提供指导和参考。

（二）广西乡村振兴领域智库建设存在的问题

在各方面的共同努力下，广西乡村振兴领域智库的数量快速增长、质量稳步提升，围绕"三农"工作中心、服务乡村振兴战略大局，出智力、出思路、出成果，为促进广西乡村振兴做出了积极贡献。但随着形势任务变化，在新发展阶段、新发展理念、新发展格局的要求下，广西乡村振兴领域智库建设进一步发展的障碍也逐步显现，旧的建设思路跟不上、不适应的问题日益突出，不利于形成全面推进乡村振兴的智库合力。一是乡村振兴领域还缺少具有较大影响力、较高知名度和担当龙头的高端智库，在自治区重点培育的首批高端智库中，专注致力于乡村振兴领域的智库中仅有1家被列入建设培育单位。二是乡村振兴领域智库建设缺乏整体规划，组织化程度不高，各智库分属不同部门主管，主管单位性质多样、归口不一，造成智库力量缺乏有效整合，全面推进乡村振兴新阶段新任务下的一些综合性重大课题或系统性研究仅靠单一智库力量难以高质量开展、高水平完成，没有形成全面推进乡村振兴领域的智库支撑体系，在广西特色新型智库联盟分设的6类智库子联盟（分别是党政部门智库联盟、社科院和党校行政学院干部学院智库联盟、高校智库联盟、科技创新智库联盟、企业智库联盟、社会智库联盟）中也没有乡村振兴智库联盟。三是智库参与决策咨询缺乏制度性安排，研究领域重叠，研究成果不通畅，智库之间各自开展研究，形成重复研究、单一应用的局面，也造成各归口管理单位在课题重复立项上的资源浪费，如围绕脱贫攻坚与乡村振兴衔接的问题，广西特色新型智库联盟和自治区党委农办在2019年分别立项了"广西实现乡村振兴与脱贫攻坚有机对接研究"和"推动脱贫攻坚与乡村振兴有机衔接"。四是智库研究与政府部门信息不对称，不少智库由于缺少政府部门的指导，研究重点的时效性和研究成果的实操性不足，面对"十四五"全面推进乡村振兴的需求综合性和多样性，智库成果供应链在质量和需求上不匹配的矛盾将会显现。

（三）国内乡村振兴智库体系建设的实践借鉴

党的十九大作出实施乡村振兴战略的重大决策部署以来，全国各地积极探索乡村振兴智库建设，以智库为平台充分发挥站位高、人才多、资源广的整合优势，组织形式多样的跨界研讨交流，促进政企对话、政策衔接、资源嫁接、项目合作，为乡村振兴提供更高端、更前沿的智力支持以及贡献更丰硕、更有价值的学术研究成果。据调查了解，全国部分省区及业界已组建了乡村振兴智库联盟或联合会、联合体（表1），促进了智库力量的有效整合和智库资源的融合优化，形成了智库服务乡村振兴的强大合力，提升了智库在咨政决策方面的能力水平，为广西在全面推进乡村振兴新阶段构建乡村振兴智库体系提供了实践借鉴。

表 1　全国省级以上乡村振兴智库联盟或联合体情况

名　　称	参与单位
中国乡村振兴战略研究院联盟	全国 8 所高校和 22 家研究院、企业、联合社以及行业组织
全国党报乡村振兴联盟	成都日报社、南宁日报社、贵阳日报社等
国家林业和草原局"美丽乡村与乡村振兴研究创新联盟"	北京林业大学等院校、企业、科研院所
全国高等农业院校大学生服务乡村振兴战略联盟	52 所国内农业高校
长三角乡村振兴战略研究院（联盟）	南京国家农创园、浙江大学、安徽农业大学、上海交通大学等 12 家单位
山西省科协服务乡村振兴学会联合体	30 家省内乡村振兴领域学会、高校、企事业单位
福建省服务乡村振兴学会联合体	10 家省级涉农学会（省科协倡议）
广东省乡村振兴战略联盟	103 个省内高校、科研单位和企业

四、加快打造高端特色新型智库助力乡村振兴战略的对策建议

(一) 进一步健全乡村振兴领域高端智库的培育发展机制

一是建立健全智库咨询制度化、常态化机制。在全面实施乡村振兴战略中，要进一步发挥特色新型智库在参与重大决策、重大规划、重点工作中的重要作用，将智库咨询纳入自治区、市、县三级乡村振兴党政主管部门的日常工作，并贯穿于决策前、决策中、决策后，作为提高决策科学性、前瞻性、系统性的重要方法，建立智库咨询制度化、常态化机制，形成政府主导、智库参与的决策咨询服务供给体系。

二是探索建立重大研究成果公开发布和转化应用机制。树立研究服务发展的导向，注重研用结合，加强研究成果的信息共享和应用推广，完善咨询意见、咨政报告的报送和反馈机制，探索多种形式、多种渠道适时公开发布和加强转化应用重大研究成果，特别是要依托广西特色新型智库联盟和乡村振兴业务主管部门进一步畅通或开辟多种渠道，引导、鼓励智库向党委、政府及有关部门积极报送阶段性研究成果和调研报告。

三是建立健全乡村振兴领域高端智库建设投入机制。探索建立多元化、多渠道、多层次的投入体系，将高端智库培育建设经费稳定纳入自治区和设区市本级财政预算，健全竞争性经费和稳定支持经费相协调的投入机制。在自治区给予高端智库稳定经费保障的基础上，鼓励自治区直属有关部门和设区市党委、政府通过定向委托的方式向乡村振兴领域高端智库采购决策咨询和课题研究服务。

(二) 加快构建支撑全面实施乡村振兴战略的新型智库体系

一是推动组建广西实施乡村振兴战略智库联盟。立足"十四五"时期广西全面推进乡村振兴的战略需要和破解广西乡村振兴领域智库建设发展障碍的实际需要，以自治区乡村振兴办（自治区党委农办）

作为主管单位，以首批广西高端智库建设培育单位广西乡村振兴战略研究会作为发起单位和召集单位，联合全区专注致力于乡村振兴领域的智库，共同组建广西实施乡村振兴战略智库联盟，将政府与智库间的对话、智库与智库间的合作提升为"政府＋智库"的联盟，构建全面实施乡村振兴战略智库体系，为广西巩固拓展脱贫攻坚成果同乡村振兴有效衔接、推进农业农村现代化提供强有力的智库支撑。

二是重点打造一批乡村振兴领域高端智库。加大对乡村振兴领域高端智库的培育力度，在政策创新上加强配套、在运营机制上推动改革、在培育经费上重点保障、在课题立项上优先支持，特别是要继续坚持走以课题研究来加强智库能力建设的路子，把产出高质量研究成果作为高端智库建设的第一目标，以高质量成果咨政辅政。大力支持首批广西高端智库建设单位特别是乡村振兴领域试点和培育单位进一步发展，以"三农"重大政策研究咨询为主攻方向，以提升理论创新、政策创设、战略咨询能力为重点，加快建成为广西全面推进乡村振兴提供智慧方案和智力支持的智库领军龙头。

三是培育壮大乡村振兴领域智库梯队。加强乡村振兴各级业务主管部门在重大发展问题上的研究能力建设，发挥自治区党委农办（自治区乡村振兴局）的领头作用和广西特色新型智库联盟的统筹作用，大力培育、统筹推进一批乡村振兴领域的专业智库建设，加快形成提供服务主体多元化和提供方式多样化的格局，提升广西乡村振兴工作决策的战略考量和战术考虑。引导广西特色新型智库联盟成员单位中乡村振兴领域各智库依据比较优势做好自身定位，聚焦"特色"和瞄准"高端"，加强政策研究咨询团队培育和高端专业人才队伍培养，建成以高端智库为龙头，高校、科研院所、企业和社会智库作用充分发挥、定位明晰、特色鲜明、规模适度、布局合理的广西乡村振兴领域智库梯队。

（三）着力强化特色新型智库的"五种能力"建设

一是提升战略研究能力。强化国家站位、瞄准战略前沿，以研究能力为核心全面提升智库建设质量。站在国家的高度、自治区的高度，聚焦关系全局和长远的重大问题，立足和扎根乡村振兴发展，深入开展战略性、前瞻性研究，加强预判性、储备性研究，努力提高战略谋划、预警监测、风险评估能力。

二是提升资源整合能力。推动"智库＋"协同研究，加强智库与政府部门、智库与智库之间的联系和协调，建立跨单位的资源共享机制，加强对重大专项课题研究的策划组织，综合运用多学科的知识、工具和方法协同攻关，集聚队伍、集中力量、集思广益，提高乡村振兴智库研究成果的科学性。

三是提升调查研究能力。弘扬求真务实精神，坚持理论联系实际，引导和推动智库把调查研究作为基本功，深入实际了解区情农情，掌握真实情况、寻求务实对策，使智库研究建立在对乡村振兴发展的准确掌握基础上，以客观翔实的数据为基础，提出精准专业的分析，确保研究成果可信可用可靠。

四是提升成果转化能力。在保证产出高质量研究成果的基础上，智库要主动加强与乡村振兴有关业务主管部门的联系，实现供需精准对接，积极参与部门组织的座谈研讨、政策调研、文件起草、论证评估等工作，提供有效的决策服务，拓宽成果被采纳、使用的渠道，力争更多成果直接转化为政策文件、领导讲话和部门决策。

五是提升对外交流能力。智库建设要主动服务"一带一路"倡议、广西"三大定位"新使命和"南向、北联、东融、西合"全方位开放开发，积极参与中国-东盟智库对话战略论坛，以国际视野、战略思维来推动广西乡村振兴。鼓励和支持有条件的智库通过项目合作、学术研讨、人员往来等多种方式，深化中外智库交流或设立海外分支机构，延伸工作触角，扩大国内国际影响力。

Ⅲ 调研篇

广西乡村振兴蓝皮书
广西乡村振兴报告2021

广西新型农业经营主体和服务主体发展情况调研报告

张天柱[1]　　白春明[2]　　周静华[3]

广西把新型农业经营主体和服务主体作为现代农业发展的骨干力量。2002—2020 年，为带动农村经济发展、推动农业产业化经营，广西组织开展了农业产业化重点龙头企业认定工作，通过推动农民合作社建设，推动农业产业集聚和联动发展；相继出台政策支持家庭农场的建设和示范创建，大力推进农业集约化经营和农业可持续发展；积极开展高素质农民培育，至今已培育 10 万多人。为摸清广西"十三五"期间新型农业经营主体和服务主体的发展现状、存在问题及发展需求，2020 年 10 月 12—23 日，自治区农业农村厅组织广西中农富玉国际农业科技有限公司、中国农业大学农业规划科学研究所调研组对全区 14 个地级市进行了专项调研。通过交流座谈、实地调查等方式，对广西新型农业经营主体和服务主体的发展情况进行了系统性调查分析，形成如下调研报告。

一、发展现状

"十三五"期间，广西积极培育和扶持新型农业经营主体和服务

1　作者单位：中国农业大学。

2　作者单位：中国农业大学农业规划科学研究所。

3　作者单位：广西中农富玉国际农业科技有限公司。

主体，取得了显著成效。新型农业经营主体和服务主体的总体数量不断增加，质量持续提升，推动了广西农业的适度规模经营，有效发挥了示范引领和辐射带动作用。但是，与全国平均水平相比，广西新型农业经营主体和服务主体的数量和质量仍有较大的提升空间，农业社会化服务体系仍需完善，高素质农民培育工作仍需推进。

（一）家庭农场发展现状

1. 数量增长较快，但地域发展有差距。

一是家庭农场总数和示范家庭农场数量不断增长。截至2019年底，广西在工商部门登记注册的家庭农场总数达11 556家，提前1年完成广西"十三五"规划培育家庭农场1万家的目标。截至2020年11月，全区进入农业农村部家庭农场名录系统的家庭农场总数达到22 429家，与2016年相比增长约2.3倍，家庭农场已连续五年保持增速10%以上，并提前完成年初制定的到2020年底全区家庭农场录入总数达2万家的目标；截至2020年11月2日，全区共有自治区级示范家庭农场466家。

二是从家庭农场地域分布来看，各地市发展不够平衡。截至2020年9月，全区家庭农场总数在1 000家以上的地级市有4个，其中贵港市数量最多，共培育家庭农场2 024家，其次为桂林市、玉林市、南宁市，分别为1 597家、1 580家、1 166家，而崇左市、北海市、贺州市、防城港市数量较少，家庭农场数量均不足500家。从示范家庭农场的数量分布分析，桂林市的自治区级示范家庭农场数量远高于其他各市，为127家，其次为玉林市、贵港市，分别为57家、45家，而北海市的自治区级示范家庭农场数量最低，仅2家。

2. 质量有所提升，朝复合型和规模化发展。

一是家庭农场生产经营范围由单一的种植、养殖向种养结合的复合型产业转变。根据调研期间收集到的83份问卷，种养结合型家庭农场数量占调研总数的45.78%，其次是种植型家庭农场和养殖型家庭农场，占比分别为33.73%、8.43%，生产经营内容涵盖水果、蔬菜、肉牛、生猪、家禽、水产等产业。

二是家庭农场向规模化经营方向发展。根据问卷分析，家庭农场基本实现了土地集中生产经营，土地集中的家庭农场数量占调研总数的 78.31％，但受到土地起伏较大、土地碎块化等条件制约，集中经营的土地规模仅为 50～200 亩。

3. 机械化水平较低，电子商务利用水平不高。

一是农业生产以人工为主，机械化水平不高。问卷分析发现，人工仍然是农业生产的重要方式，占比为 73.49％，受土地碎块化、土地不够平坦等自然条件影响，机械化发展受限，使用机械生产的占比仅为 24.10％，智慧信息化生产水平更低，不足 3％。而雇佣劳动力成为家庭农场满足劳动力需求的重要手段，有 54.22％的被调研者表示需要常年雇佣劳动力以满足生产需求，44.58％的被调研者表示农忙季节需要雇佣劳动力，仅 1.2％的被调研者表示不需要雇佣劳动力。

二是传统销售方式仍占主导地位，电子商务使用率不高。集贸市场和企业收购是农产品销售的主要渠道，占比分别为 61.45％、43.37％；受农民接受度不高、冷链物流建设不完善、交通不够便利等因素制约，电商销售渠道占比仅为 25.30％。

（二）农民合作社发展现状

农民合作社是促进农业产业化经营、带动农民增收的重要载体，也是提高农民组织化水平的重要途径。近年来，广西壮族自治区农业农村厅通过政策引导、项目支持、示范创建等措施，使农民合作社对农户的带动能力进一步增强，促进了农民合作社与家庭农场、龙头企业的联动发展，为乡村产业振兴奠定了良好基础。截至 2020 年 9 月底，全区农民合作社已达 6.02 万家，比 2019 年同期增长 4.42％；共培育自治区级农民专业合作社示范社近 1 200 家。

1. 数量不断增长，但地域分布差异大。截至 2020 年 9 月，全区 14 个地级市中，桂林市的农民合作社总数最多，共有 7 167 家，其次为贵港市、河池市,分别为 6 318 家、6 242 家;玉林市、南宁市、百色市、崇左市、来宾市农民合作社数均超过 4 000 家,分别为 5 783 家、5 602 家、5 274 家、4 500 家、4 354 家;受耕地面积少等因素影响,北海市和防城港市农民合作社数量最少,均只有 1 000 多家,均不到数量最多的桂林市的 16%。在农民合作社示范社数量方面,玉林市、桂林市的自治区级以上农民合作社示范社总数均在 200 家以上,其次是贵港市、钦州市、百色市、河池市,均在 100 家以上,而防城港市、崇左市、北海市数量最少,不足 40 家。

2. 发展质量不断提高,标准化生产有效推广。一是产业覆盖面广。据调研了解,全区现有的农民合作社包含了种植类、养殖类、服务类、综合类几大类。其中,种植类合作社涉及火龙果、柑橘、哈密瓜、番石榴、水稻、食用菌、茶叶、中草药等产业,服务类合作社涉及农机、植保等服务。二是农业生产逐渐标准化。农民合作社积极探索农业生产标准化方式,提供产前、产中、产后服务,实现生产的"五统一"(包括统一生产管理、统一病虫害防治、统一质量标准、统一回购、统一加工销售),带动农业产业结构调整。

3. 联农带农效果明显,实现农民增收。一是发展了多种联农带农模式,加强了与农民的利益联结。根据问卷分析,目前调研地区农民合作社已发展了"合作社＋基地＋农户""企业＋合作社＋基地＋农户""企业＋合作社＋农户"等多种模式。其中,以"合作社＋基地＋农户"的运营模式最为普遍。农民合作社鼓励农民通过土地流转、现金入股等形式入社,并提供统一的生产资料、技术指导等服务,而农民则以土地流转费、分红或工资性收入等为收入来源。二是实现了多重分配。根据问卷分析,64.65%的被调研者以现金入股,另外,还有劳务、土地流转、实物等多种入股形式;农户多按照股金、与合作社的交易量及其比例等参与分红,且有 34.34%的农民合作社实现二次利润分配。三是认定了一系列农产品品牌,促进了农业品牌化发展。根据问卷分析,51.52%的农民合作社拥有自己的农产品品牌,其中,绿色食品、地理标志农产品、有机农产品的品牌认证数量占比分别为 36.36％、21.21％、12.12％，另外还有无公害农产品、广西富硒农产品等多项品牌认证。四是促进了农民增收。合作社成员的收入普遍高于当地生产同类农产品的非合作社成员。根据问卷分析，有 37.37％的被调研者认为增收在 10％以内，27.27％的人认为增收 10％～20％，24.24％的人认为增收达 20％以上，仅 11.11％的被调研者表示收入未高于当地生产同类农产品的非合作社成员。

（三）农业龙头企业发展现状

龙头企业是发展农业产业化的主体，直接关系农业产业化的兴衰。自 2002 年开始，广西把培育、发展壮大农业产业化龙头企业作为工作的重点，通过大力扶持和培育，引导龙头企业发挥产业优势，建立完善农产品生产、加工和服务标准，联动种植大户、家庭农场和农民合作社发展，推动了农业产业化运营，夯实了农业发展基础。截至 2020 年 7 月，全区农业产业化重点龙头企业达 1 453 家，其中国家级 38 家、自治区级 200 家。截至 2019 年底，自治区级农业龙头企业共 178 家。

1. 数量有所增长，但全区发展不均衡。 通过对全区 14 个地级市进行分析，截至 2020 年 6 月底，玉林市的市级以上农业产业化重点龙头企业总量最多，有 208 家，其次是南宁市、桂林市，分别是 204 家和 202 家，贵港市、柳州市、百色市分别在 100 家以上，数量最少的为贺州市、崇左市、防城港市和北海市，均未达到 50 家。国家级农业产业化重点龙头企业数量最多的是南宁市，达 15 家，其次是贵港市，达 4 家，玉林市、钦州市、梧州市、桂林市均为 3 家，而百色市、崇左市、防城港市等 3 市还没有国家级农业产业化重点龙头企业；自治区级农业产业化重点龙头企业数量最多的是南宁市，其次是桂林市、贵港市、玉林市。

2. 产业覆盖面不断扩大，产业链不断延伸。 农业龙头企业经营范围囊括了粮食、蔬菜、糖料蔗、特色水果、坚果、茶叶、桑蚕、中草药、猪、牛、羊、禽类、鱼类、电子商务等产业，产业链从种植向初加工、精深加工、商贸流通等环节拓展，促进了农产品加工业的发展，推动了全区的农业产业结构优化和转型升级。

3. 辐射带动作用凸显，市场竞争力提高。农业龙头企业集合了先进的生产要素，通过"企业＋农户""企业＋基地＋农户""企业＋基地＋家庭农场""企业＋农民合作社＋基地＋农户""公司＋农业技术协会＋农户"等组织模式，以合同、合作、股份合作等方式带动农户进入市场，开展专业化分工与合作，改变农业经营主体"单打独斗"的局面，推进实现统一化管理、标准化生产和品牌化建设，提升市场竞争力。根据对调研期间收集到的88份问卷的分析，约60％以上的龙头企业都经过了产品认证，78％的龙头企业拥有自己的品牌，80％以上的龙头企业业务覆盖范围为省域，有效地提升了农产品价值、拓宽了农产品流通渠道，促进了农业龙头企业与农户共同发展。

（四）农业社会化服务组织发展现状

农业社会化服务组织是促进小农户和现代农业发展有机衔接的重要载体，是推动农业社会化服务提档升级的重要力量，是促进农业科技成果转化的重要平台。"十三五"期间，广西加快推进农业社会化服务体系建设，推动农业社会化服务组织多元化发展，初步形成了以公益性服务为基础、经营性服务内容不断丰富的发展格局。

1. 数量持续增长，服务领域逐步拓展。一是农业社会化服务组织数量持续增长。"十三五"期间，在政府主导下，家庭农场、农民合作社、龙头企业等新型农业经营主体积极参与到农业社会化服务中，农业社会化服务组织数量不断提升。截至2020年5月，全区已拥有农业社会化服务组织10 706家，形成了龙头企业技术创新中心、农村区域科技成果转化中心、农村专业技术协会、农业科技专家大院、科技小院等服务机构；并基本实现了供销社在自治区、市、县三级全覆盖。二是服务领域涉及生产、加工、流通等多个环节。全区农业社会化服务以农资供应、农技指导、农机服务等为主，同时还包括部分农产品加工和运输贮藏服务、农产品销售及品牌建设服务，服务类型日趋多样化。

2. 农业公益性服务体系逐渐完善。一是农业公益性服务机构逐步完善。广西自上而下设立了农技推广体系，在基层建立农业服务中心或农技推广站，并鼓励其积极参与先进技术示范、传授和培训工作，促进了现代农业技术推广。二是公共服务平台建设不断加强。近年来，全区积极打造了土地产权交易平台、广西农情信息管理平台、广西农业科技服务云平台等公共服务平台，促进了农业公共服务的有序开展。例如，广西以广西农业云平台建设和广西农业大数据平台建设为契机，着力打造了广西农业数据信息中心，并积极围绕新型农业经营主体和服务主体的农业生产需求，提供全流程服务，有效促进了农业生产、经营、管理、服务的有效融合。三是政府购买公益性服务不断增多。通过政府订购、定向委托、奖励补助、招投标等方式，政府向符合条件的经营性服务组织购买可量化、易监管、受益广的公益性服务，填补了政府社会化服务的空缺。

3. 农业经营性服务组织建设不断提升。一是农业经营性服务组织发展壮大。农村经纪人、服务型企业等多元化农业经营性服务组织数量不断增加、规模不断壮大，特别是农机等专业化服务组织发展较快。二是积极引进现代农业生产技术，推广农业科技新模式，提高了农业生产效率。以河池市宜州区烽火联合耕作农机服务专业合作社为例，通过创新桑树种植形式，该合作社实现了机械化开行、除草、施肥、培土、杀虫、伐条，解决了桑树种植农机农艺不融合、农业装备下地作业困难等问题。

（五）高素质农民培训发展现状

高素质农民是新型农业经营体系的核心主体，是农业农村发展的生力军。"十三五"期间，广西聚焦"三农"领域，积极响应国家强农惠农政策要求，通过完善政策保障、加强培训管理、培育先进典型等措施，加大扶持力度，高素质农民培育工作取得显著进展。2014

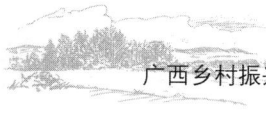

年至 2020 年 10 月，全区累计培训高素质农民超 10 万人次。

1. 三级联动，构建高素质农民培训体系。全区坚持推进分层分类培训，由自治区级重点组织实施青年农场主、农业职业经理人、新型农业经营主体和服务主体带头人等示范培训和师资培训，市县两级则根据产业类型开设培训班，统筹开展各类高素质农民培训。不但统筹了各类教育培训资源，还切实提高了高素质农民培训的针对性、规范性和有效性。

2. 以农广校为主体，各类教育培训机构广泛参与。广西紧紧围绕高素质农民培育工程，充分重视农广校在高素质农民培训中的"主阵地"地位，通过发挥其上联政府、下联产业和农民、协调各类教育培训机构的作用，推进教育资源整合，为构建农民教育培训体系提供了重要支撑。为提高培训质量，吸引农民参与，政府通过购买服务的方式，积极引导高校、第三方培训机构加入高素质农民培训队伍中，促进了师资力量及专业化教学水平的提升。其中，农广校和农业职业院校承担了每年 80% 以上的培训任务，扎实推进了高素质农民培训工作的顺利开展。

3. 培训方式多元化，"线上＋线下"双渠道开展培训。一是坚持理论讲解与实践操作紧密结合。高素质农民培训以理论教学为基础，通过互动讨论、典型案例分享等授课形式提高农民兴趣，调动农民的学习积极性。充分利用已认定的实训基地、田间学校、孵化基地等开展田间地头培训，实地解答农民生产中遇到的问题，实现了生产、学习两不误，有效提高了农民对新技术、新知识的掌握程度。二是组织参观及交流学习。有计划地组织农民参观大型展销活动、典型农业示范基地等，或到异地进行交流学习，学员实现了"走出去"的跨地域学习，通过现场参观，开阔眼界，启发思维，激发学习动力。三是积极开展线上培训。高素质农民培训以广西农业科教云平台、云上智农 App 等网络平台为依托，通过将培训内容制作成电子教育课程的形式，实现了网络授课，不但整合了农户的零散学习时间，也便于农户反复观看学习；并通过建群讨论的方式为农户随时讨论、资源共享提供有效途径。

4. 培训内容广泛，农民综合素质不断提升。 高素质农民培训立足全区优势特色产业，以解决专业人才匮乏、农业技术水平不高为目标，围绕农民实际需求，重点从生产、加工、销售、管理等方面进行培训，农民专业技能水平、经营管理水平不断提升。通过高素质农民培训，培育了一大批农业经理人、青年农场主和乡村企业家，为现代农业发展提供了有力支撑。

二、建设成效

"十三五"期间，广西家庭农场、农民合作社、龙头企业、社会化服务组织等新型农业经营主体和服务主体发展较快，在数量上有一定突破，质量上也逐步提高，对促进广西农业产业结构调整、推进农业产业化经营发挥了积极作用，有效地推动了广西农业规模化、标准化、集约化发展，提高了农业产值、增加了农民收入。

（一）推动农业产业化运营，促进了农村产业融合

广西新型农业经营主体和服务主体的发展壮大有效缓解了广西农业"小规模与大发展""小生产与大市场"对接难的矛盾，有效促进了广西农业产业化运营，有力推动了广西农村一二三产业融合发展。

一是推广多元化农业发展模式，促进了农业产业化运营。通过订单农业、价格联动、土地流转、股份合作等形式，采取完善购销合同、制定收购保护价、利润返还、技术指导、种苗扶持等手段，推动发展农业产业化联合体，推动农户与新型农业经营主体和服务主体之间建立紧密的合作关系，使农业生产、加工、销售环节得到重新整合，促进了农业产业链的形成和延伸，促进了产业融合发展。截至2020年7月，共培育农业产业化联合体59个。

二是鼓励农业横向拓展和纵向提升，推进了农业的产业链接。全区将农业全产业链建设和现代农业发展有机结合，鼓励新型农业经营

主体和服务主体以提升精深加工水平、延伸产业链条、拓展农业功能等为重点,推进农业的横向拓展和纵向提升,有效地推动了农业上下游、前中后环节的链接,加快了全区农业全产业链的发展。另外,通过鼓励、引导同类合作社以产业、品牌为纽带开展联合与合作,进一步提高了农业的组织化程度。

三是推进农业产业结构调整,推进了农村产业融合。新型农业经营主体和服务主体充分利用自身的资金、信息和技术等优势,不断地采用新机制、引进新品种、推广新技术,根据市场需求调整农业生产结构,使农业生产与市场需求相协调,加快了产业结构调整步伐。另外,广西以龙头企业为带动,通过提升传统产业、引进新兴产业、培育发展新业态,形成了依托优势资源基地化生产、依托龙头企业集约化加工、依托优质服务高端化销售的良好局面,并依托优势产业资源,注重农旅、农文、农教和产村融合,推动农业向一二三产业集成转变,实现了农村产业融合。

(二)推进农业规模化经营,夯实了现代农业基础

2018 年《新型农业经营主体土地流转调查报告》显示,分散化、小规模的土地经营模式已不能完全适应大市场和国际化的需求,土地流转的速度和程度关系到我国实现农业现代化的进程。广西新型农业经营主体和服务主体在一定程度上加快了土地流转的进程,将小规模分散经营转变成适度规模经营,使分散的土地、资金和劳动力等生产要素在较大范围和较高层面上有效结合,促进了农业规模化经营和组织化管理,为现代农业发展奠定了基础。

一是新型农业经营主体和服务主体通过土地流转的形式进入农业,使农业的生产经营方式和组织形式发生了根本性变化。家庭农场、农民合作社、农业龙头企业等新型农业经营主体采用承包、租赁、入股等土地流转方式,将农户分散的土地集中连片经营,推动了农业适度规模经营。通过土地流转,形成市场牵新型农业经营主体、新型农业经营主体带基地、基地联农户的产业化运行机制,农户按基

地要求进行规模化种养、标准化生产，促进了农业的区域化、专业化、规模化生产，加快了优势产业向优势产区集聚的步伐。

二是新型农业经营主体和服务主体通过发展规模化经营，引领农业向现代化方向发展。通过土地集中式的规模化经营，新型农业经营主体和服务主体将各类生产要素集聚，融合智慧、科技、信息化等技术手段，对农业资源进行优化配置和合理利用，降低了生产资料成本，提高了农产品附加值，形成了最大产出效益，促进了全区现代农业的发展。

（三）推广农业社会化服务，带动了小农户共同发展

健全农业社会化服务体系，有利于实现小农户和现代农业发展的有机衔接。近年来，广西各地市在发展农业社会化服务中，探索了多种发展途径，为小农户发展大生产、融入大农业、对接大市场搭建了平台。

一是强化新型农业服务主体培育，初步形成了规范化的社会化服务体系。以主体多元、形式多样、服务专业、竞争充分为原则，持续完善公益性社会化服务组织的功能、发挥其基础性作用；积极培育各类经营性社会化服务组织，引导新型农业服务主体增强农业生产性服务功能；引导各地组建新型农村集体经济组织，发挥其统一经营服务功能；引导各类专业化服务公司发展，发挥其经济要素先进、服务水平较高的优势。通过探索农业生产社会化服务的标准建设、服务价格指导、服务质量监测、服务合同监管等工作的规范化，部分地市初步搭建了与现代农业发展相适应的社会化服务体系。

二是积极探索了适应小农户的发展模式。通过推广"企业＋基地""企业＋农户""企业＋合作社""合作社＋企业"等服务模式，紧密了小农户与龙头企业、农民合作社、家庭农场等新型农业经营主体之间的利益联结。通过探索多种农业托管模式，引导农户和社会化服务组织将原来不稳定的服务关系上升为相对稳固的服务关系，降低了经营成本、提高了服务效能，较好地带动了小农户发展。

（四）促进农产品质量提升，加速了农业品牌化发展

新型农业经营主体和服务主体整合了农业资源，采取集约化、专业化、组织化、标准化的生产经营方式，有效地促进了广西农产品质量的提升，加速了广西农业品牌化发展。

一是实施标准化生产和产品质量安全监管，保证了农产品质量。一方面，新型农业经营主体和服务主体加大了良种、农业科技、农业机械设备、社会资本等要素投入，扩大了优良品种和先进适用技术的应用，通过统一生产资料供应、统一技术服务、统一质量标准等措施，加强了对生产全程的质量把控，提高了农产品安全生产能力、促进了农产品质量提升。另一方面，新型农业经营主体和服务主体相较于小规模生产主体，更加重视产品质量和市场信用，内部安全生产的约束机制更强；在产业化运营过程中，为追求较高的市场份额和经济效益，也会更加注重内部对质量的监管，通过对生产全过程进行质量控制，保证了农产品质量。

二是新型农业经营主体和服务主体重视农产品"三品一标"认证，推动了广西农业品牌建设。农业的标准化生产推动了新型农业经营主体和服务主体对品牌建设的重视，优质农产品也为品牌化发展创造了品质基础。在专业合作社、龙头企业的引领带动下，广西全区形成了众多国家级公共区域品牌、"三品一标"认证农产品面积覆盖率大幅提高，使得广西特色优质农产品市场竞争力不断增强。

三、存在问题

（一）新型农业经营主体与服务主体发展存在的问题

经过"十三五"的发展与沉淀，广西新型农业经营主体和服务主体发展取得了很大成效，也积攒了较多经验，但是在发展过程中，仍然存在发展质量不高、农业社会化服务不足、人才缺乏、政策落地较

难等问题。

1. 发展质量有待提升。 一是规模小，效益偏低。受土地碎块化、耕地较少等因素影响，全区家庭农场的经营耕地面积多为 30～100 亩，与全国平均水平有较大差距。而合作社的规模普遍较小，成员超过一百人的较少，服务和业务主要停留在技术指导与咨询、初级产品销售的层面上，很少开展精深加工业务，且不能有效参与市场竞争，导致效益偏低。受市场风险、自然风险、质量风险等多重风险和融资、市场竞争等因素影响，全区规模超亿元的龙头企业仅 159 家，发展较为落后且多数发展水平不高，可持续发展能力不强。

二是经营机制不完善，利益联结不健全。一方面，部分家庭农场、农民合作社制定了章程和管理制度，设立了必要的管理机构，但由于管理意识淡薄、管理结构松散、民主管理体系不健全等原因，运作管理随意性大，管理基本上流于形式；由于主观不重视、缺乏财务专业人才等原因，内部的财务管理制度不完善，会计核算不规范，无法达到认定要求；由于缺乏专业市场分析和经营管理人才，部分龙头企业尚未建立现代企业制度，农业产业化经营机制落实及创新不够。另一方面，部分合作社、龙头企业没有处理好与农户之间的利益分配关系，各方之间的利益联结不够紧密，没有形成风险共担、利益共享的利益分配机制。

三是产业链条短，示范带动作用不强。发展农产品精深加工，是延长产业链条、促进农业增效、农民增收的重要途径。就目前广西新型农业经营主体和服务主体的发展来看，受生产设备和技术水平的限制，从事农产品加工的主体数量较少、规模偏小且实力不强；从加工水平来看，主要集中在初级加工阶段，精深加工不足，导致产业化程度偏低，产业链未能延伸，对所在区域的辐射带动能力不强。

四是退出机制烦琐，"空壳社"现象较严重。自 2009 年开始注册农民合作社，广西农民合作社数量增长迅速，但是各地市通过摸底排查，发现部分合作社存在无实质性生产经营活动、因经营不善停止运行、缺乏带动能力等情况，甚至部分国家级、自治区级、市级合作社已名存实亡，沦为"空壳社"，直接影响了扶持项目申报、资金拨付等政策的落实。主要原因包括两方面：一是合作社负责人未意识到不注销的危害；二是退出机制烦琐，需在省/自治区级以上报纸刊登公告、准备注销材料、到工商和税务部门办理相关手续等，且注销材料要求烦琐，对于许多合作社负责人而言材料准备有困难，以致拖延办理注销手续。

2. 农业社会化服务仍显不足。一方面，基层公益性服务主体数量少。县乡两级公益性服务机构较少，且存在人员断层、管理体制不顺畅、财政保障不足、服务手段落后等问题。新型农业经营主体发展较初级、社会化服务需求较多，而这些服务机构无法满足其发展需求。另一方面，社会化服务领域较单一。各地市的农业托管服务较少，社会化服务以农资、农机、植保等为主，主要聚集在种植养殖环节，服务领域较单一。多数较大型的农民种植专业合作社能够组织社员统一购买农资、统一销售等，也出现了以农机服务为主的农民专业合作社，其自身经营面积较大且有农机使用需求，开展的农机服务以粮食作物耕种收、烘干为主，但农机使用主要集中在农忙季节，造成农机闲置率较高，难以充分发挥大中型机械的作用。另外，还有少量提供植保服务的农民专业合作社，但由于坡地较多、土地碎块化等原因，无人机等大型植保设施使用率较低，目前这些主体运营较艰难。

3. 缺乏高素质农业人才。一方面，农村人才缺空，劳动力整体素质偏低。随着城镇化、信息化的发展，农村劳动力大量外出务工，从事农业生产的青壮年较少，且文化素质水平不高。与传统农业相比，新型农业经营主体和服务主体需要新知识、新技术、新理念、新装备，随着经营规模扩大和生产技术提高，当前的从业人员知识面较窄，已无法满足其发展需求。另一方面，急需管理人才和专业技术人才。农业产业化经营要求新型农业经营主体和服务主体的管理人员既懂生产技术、又懂管理和市场，且随着农业生产的专业化程度越来越高，对技术人员的专业要求也越来越高。由于引进人才难、留住人才难等原因，乡村人才流失严重，不利于新型农业经营主体和服务主体的长期发展。

4. 资金仍是制约发展的瓶颈。 通过对家庭农场、农民合作社及龙头企业的调研问卷分析，资金缺乏是三者在发展中遇到的主要困难中占比最高的，说明资金仍然是制约新型农业经营主体和服务主体发展的最主要因素。

一是政府扶持资金有限。由于国家和自治区补助资金有限，地方财政投入不足，无法激活民间资本、社会资金，导致农业固定投入不足，影响部分新型农业经营主体和服务主体的发展后劲和持续发展。二是融资难度大。农业生产经营投资大、周期长、见效慢、风险大，前期需要较大的资金投入，受信贷政策、担保政策等因素影响，新型农业经营主体和服务主体获得的贷款额度达不到预期或贷款年限较短，对其支持作用远远不够，严重制约其发展壮大及健康持续发展。

5. 多部门管理导致政策落地难。 一是多头管理难以形成合力。以合作社为例，工商部门登记、农业部门管理，有的地市还需到供销社备案，由于数据不共享，无法摸清新型农业经营主体和服务主体的要求和底数。管理部门不同，对应科室不同，多头管理，权限交叉，缺乏统一协调，对新型农业经营主体培育的扶持难以形成合力。二是政策落地性弱。自治区、地市出台了不少惠企、惠农政策，但由于部门配合程度不高、财政支持不足及具体操作层面没有细化等原因，导致实施有难度。如农业产业化联合体的具体实施政策不明确，高素质农民培育扶持政策涉及多部门而农业部门协调不顺畅等。

（二）高素质农民培训存在的问题

1. 培训体系建设尚有不足。 一是机构设置有待完善。尽管全区已基本形成了自治区、市、县三级培训体系，但部分地市机构设置不完善。以崇左市为例，全市只有宁明县设有农广校、扶绥县设有科教站，其他五个县（市、区）没有设立专门管理机构或没有明确专人负责，严重影响培训工作顺利开展。二是人员配置数量不足。一方面，受机构改革影响，部分市县存在农广校、科教站、农技推广中心多个牌子一套人马的现象，人力不足，且真正懂技术、懂政策、了解农村实际的基层农经工作人员缺乏，导致培训政策落实困难。另一方面，在高素质农民培训系统中，真正了解农业基础和农业技术的专职教师数量较少，师资力量薄弱，难以真正满足农民培训需求。三是培训资源配置分散，资源整合缺乏合力。尽管广西积极建立了新型职业农民培育工作联席会议机制，加强了高素质农民培育的组织领导，但其实际运转效率不高、发挥作用不强，各部门依旧独立开展培训工作，缺乏沟通协调及数据共享，存在重复培训现象，不但浪费了财力、人力，培训效果也大打折扣。

2. 培训扶持政策落实难。尽管自治区层面在财政支持、认定管理等方面出台了一系列扶持政策，但相关政策在实际操作中指导性不够强，导致培训帮扶政策无法较好落地。如没有明确培训机构工作经费的比例、使用范围，没有明确公职人员担任农民培训教师的激励办法等。

3. 农民参与积极性不高。一是政府宣传力度不强。由于各级政府对高素质农民培训工作的宣传不足，使农民对培训内容、模式、成效、典型事迹等了解程度有限，难以激发农民的学习意愿和学习热情。二是农民自身学习能力不强，思维局限。由于青壮年劳动力外出务工，农村剩余劳动力主要为老人及妇女，但受传统观念较强、知识水平普遍较低等因素影响，其理解和接受新事物的能力较差，且局限于眼前利益，担心延误农业生产，导致学习意愿不强、培训积极性不高。三是培训内容缺乏针对性和实用性，与农民的培训需求不符。一方面，由于全区农业种类繁多，农民需求多样，实际培训中难以根据类型、产业、品种等细化课程，培训内容难以满足农民个性化需求；另一方面，部分教师农村实践经验不足，培训课程以理论讲解为主，往往存在农民听不懂的现象。

4. 跟踪指导服务工作滞后。 尽管自治区层面对培训后的跟踪指导服务提出了相关要求，各部门也通过电话、网络、现场指导等方式开展了一系列技术跟踪指导，但由于基层跟踪指导人员数量不足、服务设备相对落后等原因，后续跟踪指导服务难以满足学员需求。另外，由于跟踪服务政策的制定不足，基层农技推广人员和合作社等尚未完全建立固定的联系，影响了后续跟踪指导服务工作的有序开展。

四、发展建议

（一）强化顶层设计，完善政策体系

一是明确发展方向，完善发展机制。理顺新型农业经营主体和服务主体发展机制，明确发展目标和发展方向，建立新型农业经营主体和服务主体台账，落实责任部门，加强督查考核。二是明确更加具体的政策和认定管理办法。明确项目申报相关政策的范围、对象、操作程序、佐证材料等，提高基层可操作性。完善家庭农场、农民合作社三级认定体系，引导各地市制定家庭农场、农民合作社、龙头企业建设办法和典型示范评选办法，制定农业产业化联合体认定规范及建设标准。三是加大扶持政策的倾斜力度。认真研究制定财政奖补政策，加大财政资金倾斜力度，扩大财政贴息贷款面，重点把农业龙头企业、农民专业合作社、家庭农场和专业大户纳入财政贴息贷款对象。优化金融信贷服务，提高银行信贷支持力度，制定惠农惠企信贷担保政策并落实到位，解决融资困难问题。实施支农项目支持，完善相关政策，加大对农机购置、农产品精深加工、冷链物流建设、品牌建设等方面的扶持力度，落实用水用电用地和税收优惠政策。

（二）齐抓共管，加强部门配合

新型农业经营主体和服务主体涉及多个部门，各部门都有相应的政策和措施，农业部门必须加强与各部门的沟通协作，谋求各方面的支持和配合，形成强有力的工作推进机制。一是加强与财政、工商、

人力资源等部门的联系，加强联席会议制度建设，定期或不定期沟通工作情况，强化支持，推动政策落地。二是引导各部门之间的扶持政策互通有无，通力合作，积极储备、包装、申报项目，积极争取中央财政资金的投入，多渠道解决新型农业经营主体和服务主体的资金瓶颈问题。三是加大部门联合管理和监管力度，强化新型农业经营主体和服务主体的规范化建设。

（三）注重质量提升，加强规范化建设

以提高经营管理水平为主，由求数量、重规模向求质量、重效应转变，引导新型农业经营主体和服务主体转型升级。一是加大培育和培训力度。继续加大新型农业经营主体和服务主体培育的工作力度，特别是对农民合作社示范社、示范家庭农场、重点龙头企业，加强指导其建立健全工作机制、推动其规范化运营，使其发挥更大的带动作用，同时抓好农民合作社质量提升整县推进、家庭农场示范县工作。抓好新型农业经营主体和服务主体的培训工作，按需培训，分级培训，提高人员素质，促进其健康发展。二是引导规范发展。重点抓好新型农业经营主体和服务主体的内部规范建设，引导新型农业经营主体和服务主体健全规章制度、完善运行机制、处理好与农民之间的利益联结关系。引导新型农业经营主体和服务主体联合发展，发挥凝聚力和向心力，提高运行质量和经济效能。三是继续开展专项清理工作。完善新型农业经营主体和服务主体退出机制，简化注销登记程序，引导其主动办理退出手续。继续推进农民合作社"空壳社"专项清理工作，督促各"空壳社"完成注销或转其他经营主体。

（四）加强人才培养，加大培训力度

一是完善基层农业人才队伍。明确农业主管部门与乡镇管理权限，做到管事与管人统一。强化编制管理，严格定人定责定岗，及时补充缺编人员，鼓励和引导高校涉农专业毕业生到基层工作。加大农业在乡镇政府绩效考核中的权重，调动乡镇抓农业和农业技术推广工

作的积极性。采取异地研修、现场培训及远程教育等方式，加强基层农业人才队伍的岗位教育和知识更新培训。加强农业技术人员上下交流，激励更多中高级农业技术人才到基层服务。制定基层农业技术人员下乡津贴制度和浮动工资政策，并对表现优秀的基层农业技术人员给予嘉奖，优先提拔重用。二是加大高素质农民培育力度。聚焦乡村振兴和现代农业发展人才需求，根据上级下达的高素质农民培训资金及任务，注重质量、创新培训，通过轮训、阶梯式培训、进修等方式，深入开展农业实用技术、农民职业技能培训。推进高素质农民学历教育，培育现代农业种植、养殖、农机、植保等方面人才，力争培育一批懂技术、善经营、留得住、用得上的新型领军型人才，为新型农业经营体系建设储备人才。

柳州市柳南区推进乡村
振兴的调研报告

黄艳芳[1]　吴广丽[1]

近年来，柳州市柳南区把产业兴旺放在乡村振兴首位，以地方特色小吃柳州螺蛳粉为切入点，推动"小米粉"发展为地方特色经济"大产业"，走出了一条一二三产业深度融合、生活生态同步改善的农业农村发展新路子。

一、柳南区推进乡村振兴的探索实践

（一）抓准一个产业，引领农业现代化

产业兴旺是乡村振兴的基础。随着柳州螺蛳粉产业的快速发展，给发源地及原料主产区柳南区带来了巨大的发展机遇。为实现柳州市提出的螺蛳粉"双百亿"产业的目标（袋装螺蛳粉产值超 100 亿元，原材料等附属产业产值超 100 亿元），柳南区积极引导企业聚集，加快建设一批原材料基地，坚持标准化生产，加大宣传推广力度，深化产业融合，推动螺蛳粉产业升级发展。

1. 在发展理念上，用工业思维谋划产业发展。柳南区大力贯彻 2018 年 3 月《柳州市大力推进柳州螺蛳粉产业升级发展的实施方案》提出的"用工业的理念谋划推进柳州螺蛳粉产业升级发展"指导思

1　作者单位：广西壮族自治区农业科学院农业科技信息研究所。

想，结合太阳村镇得天独厚的基础条件和资源优势，形成了全国螺蛳粉产业链最长、链条最完整、效益链最强的产业带。一是整合资源建立螺蛳粉生产聚集区。积极引导和整合原料供应、产品加工、包装、电子商务、物流配送等企业入驻，其中入驻预包装螺蛳粉生产企业14家，促进聚集效益、创新效益和竞争效益形成，推动螺蛳粉产业一体化发展。二是出台政策扩大原材料种养规模。出台《柳南区农业产业发展奖补方案》《柳南区精准脱贫"以奖代补"帮扶实施方案》等政策，制定《柳南区"退桉改竹"三年行动计划》，通过实施"退桉改竹"修复和优化农村土壤环境，为螺蛳粉原材料种养面积的扩大提供基础。三是立足优势创建国家现代农业产业园。将螺蛳粉原材料基地集中进行规模化建设，建成14个总面积超2万亩的螺蛳粉产业种植、养殖示范基地，螺蛳养殖、豆角种植、竹笋种植实现"千千万"亩，百万羽蛋鸡养殖基地、六千万羽鸭苗孵化基地规模居广西第一位，有力地促进了螺蛳粉的产业化、规模化、标准化生产。

2. 在产品质量上，以行业标准提升生产水平。柳南区牢牢抓住产品质量这个"牛鼻子"，把质量安全作为柳州螺蛳粉产业发展的生命线，将标准化的理念贯穿整个产业。一是打造绿色原料生产基地。坚持按照生产技术规程进行农事生产，推广清洁生产、绿色防控技术，减少农药化肥使用量，提升绿色发展水平，累计已有10个农产品获得无公害、绿色产品认证。二是执行统一生产加工标准。在园区内统一执行螺蛳粉食品安全地方标准的生产标准，在原辅料、食品添加剂、生产加工过程卫生、检验方法、检验规则、包装、运输、贮存等方面进行规范生产。三是施行全程质量管控和安全检查。建设综合检测中心服务平台，将原材料基地和螺蛳粉生产加工企业纳入食品安全追溯体系进行监管，强化酸笋等重要原材料的风险排查和食品安全风险监测，重拳打击违法行为，实现螺蛳粉"从田间地头到餐桌"的全程质量管控。

3. 在市场营销上，用"互联网十"提升品牌影响。柳南区不断加强对螺蛳粉的宣传力度，以"互联网＋螺蛳粉"打造线上营销网络，积极营造话题，精心策划活动，投入微电影、微视频、宣传片等，讲好产业故事、品牌故事和城市故事。不断开拓社交平台和电商新渠道，充分利用"6·18"大促、"双十一"网上购物节等开展促销活动，打造柳州螺蛳粉"网上集聚区"。加上螺蛳粉自带"网红"属性，众明星"自发代言"、自媒体借螺蛳粉刷流量等，不断产生舆论热点和爆点。2020年，螺蛳粉登上微博热搜十余次，多家媒体刊文分析"螺蛳粉为什么这么火"，网络舆论关注提升了螺蛳粉的知名度和影响力，激发了消费者的体验诉求，对螺蛳粉起到了强大的带货效果。

4. 在产业融合上，以全产业链促进收益增值。柳南区大力实施"一产接二连三"工程，构建了以螺蛳粉为核心的全产业链发展模式。产业发展从绿色、生态、安全的螺蛳粉原材料种植、养殖业，到预包装螺蛳粉生产及米粉、酸笋等螺蛳粉原材料深加工业，延伸至多个第三产业，基本形成集原料种养、食品加工、电子商务、快递物流、休闲农业、文化旅游于一体的产业发展链条。其中电子商务获得蓬勃发展，螺蛳粉电商年销售额突破20亿元。螺蛳粉产业的快速发展，对物流质量提出了更高的要求。为促进高效配送，柳南区进一步加强物流企业的标准化和规范化建设，大力培育符合螺蛳粉产业需求的物流龙头企业。在休闲旅游方面，柳南区在太阳村镇打造的"万亩竹海"公园、修建的螺蛳养殖基地赏螺栈道已成为市郊农业观光体验、乡村休闲旅游、团队拓展等活动的好去处。2018—2020年，柳南区连续三年举办螺蛳粉小镇文化节，举行音乐节、嗦螺大赛、百螺宴等活动，吸引了数十万游客前来观光。

（二）打造一个小镇，推进农村现代化

生态宜居是乡村振兴的关键。2017年，柳南区全面启动螺蛳粉小镇的系统规划建设。螺蛳粉小镇按照产业、生态、文化、旅游、基础设施等要素融合发展、协同推进的"五位一体"方式创建，将成为

集文化展示、旅游观光、产业集聚、生态保护、生活宜居等为一体的城镇生产生活综合体。2018 年 4 月，螺蛳粉小镇成功入围广西特色小镇名单，现已初步形成"一镇五区"（即以太阳村镇集镇为核心，建设螺蛳粉生产集聚区、现代农业示范区、现代农业研学实训区、健康产业集聚区和旅游观光休闲区）的发展格局。

螺蛳粉小镇的实干不仅体现在产业上，更体现在对村镇社会生活、生态综合发展的重视上：一是加强基础设施建设。建设完善交通路网、市政雨污排水管网、电网、电信通道，建设镇级污水处理厂，完善污水收集管网和垃圾处理设施，新增产业园配套的水质净化、排灌渠道、产业配套用房、文化养生旅游等设施，螺蛳粉小镇的所在地太阳村镇的空间布局和环境获得改造提升。二是加强环境整治。按照"绿色引领、生态优先"原则，优先实施生态环保项目。对太阳河开展生态治理修复工作，对百乐河水环境进行生态整治，在河道沿岸建设人工湿地，提升整体生态景观和绿化，逐步实现"水清、河畅、岸绿、景美"。切实解决乡村垃圾乱倒、污水乱排、柴火乱堆、农具乱摆等突出问题，建立和完善包括村庄保洁、垃圾清运、村庄秩序等内容的乡村生态治理体系，为螺蛳粉小镇创造了自然和谐的生态环境。三是聚焦文化建设。注重将文化展示融入螺蛳粉小镇规划建设和生活中，围绕"突出一个主题文化品牌、建设一个文化场馆、打造一个小镇公园、形成一个具有独特文化特色和建筑风貌的小镇核心区"目标，通过深度研究挖掘螺蛳粉文化、农耕文化、产业文化和地方优秀传统文化，建设螺蛳粉大舞台等一批文化活动及展示场所，保持有民族特色的传统建筑群落，形成与自然生态相协调、与民族文化相适应的村镇风貌，充分展示了螺蛳粉产业的农耕文化，传承了太阳村镇的农耕智慧。

（三）建立一套机制，带动农民现代化

生活富裕是乡村振兴的目的。柳南区通过探索完善多种利益联结机制，引导新型农业经营主体与农民建立紧密、稳定的合作关系，促

进农民就近和就地就业，带动了农民深度参与产业发展。

建立的利益联结机制中，比较成功的主要有返租倒包模式、股份合作模式、订单带动模式等。通过返租倒包模式，农民可获得土地流转的租金收益，交售农产品可获得经营性收入和超产分成；而企业（合作社）不仅建立了规模化、标准化的原料供应基地，获得设施使用费和超产分成，而且可以提高农户参与的积极性。该模式在柳南区种植基地的土地流转中起到了重要作用，实现了农户和企业"双赢"。据不完全统计，太阳村镇内直接参与螺蛳粉预包装生产的人员有3 000多人，参与原材料种植、养殖人员4 000多人，间接带动加工、物流、销售、旅游、培训、配套服务等从业人员将近1.5万人，让农民真正实现了在家门口就业。

二、柳南区推进乡村振兴的经验启示

（一）发挥政府引导、市场主体作用

充分发挥市场在资源配置中的决定性作用，更好发挥政府引导作用，激发各类市场主体活力，是产业实现高质量发展的重要方法之一。柳南区在推进乡村振兴过程中，充分运用政府扶持引导、企业主体参与的市场化运作模式，提出了九大支持政策，设立螺蛳粉产业发展专项资金，在资金投入、税费减免、金融支持、基地建设、品牌培育、土地保障、人才支撑等方面给予支持，不断优化营商环境，有效扶持企业发展。为提高市场竞争力，企业不断加强技术研发、开拓销售渠道、创新产品和服务，切实增强经营能力，形成了政府作用和市场作用有机统一、相互补充、相互协调、相互促进的格局，有效推动了产业健康发展。

（二）深化产业融合、产城融合发展

产业融合是促进农业增效、农民增收和农村繁荣的重要举措，是推动农业产业化发展的必然方向。柳南区在推进乡村振兴过程中，立

足螺蛳粉原材料优势产业，统筹推进产业、生态、文化、旅游融合发展，努力实现"一产接二连三"，二产向一产、三产延伸，三产向一产、二产渗透的三次产业深度融合发展。注重加强产业和城乡多规合一、统筹建设，优化了城乡功能布局，拓展了乡村发展空间，形成城区经济、镇域经济和乡村经济融合立体的振兴圈层，推进城乡一体化发展，促进城乡良性互动。

（三）构建利益联结、发展共享机制

构建紧密型利益联结机制是统筹城乡和发展产业的必要手段，更是提高农民参与程度，使农民融入市场经济，享受产业增值收益的必然选择。柳南区在推进乡村振兴过程中，始终坚持让农民分享更多的发展收益，建立利益联结、发展共享的机制，着力增强农民的参与和融合能力，让农民成为振兴红利的主要受益者，很好地把握和处理了企业和村民之间的关系。鼓励企业、合作社与家庭农场、普通农户深度合作，创新了多种利益联结方式，将二者打造成统一的利益联结体，从而确保在乡村振兴的过程中，农民利益不受损，调动了农民参与生产的积极性，激发了振兴乡村发展的内生动力。

三、柳南区推进乡村振兴的机遇挑战

（一）迎来机遇

1.利好政策频发带来的政策机遇。柳南区推进乡村振兴迎来了利好政策机遇。党中央、国务院始终坚持农业农村优先发展方针，把"三农"工作作为各项工作的重中之重，乡村振兴战略实施以来，其制度框架和政策体系基本形成；自治区和柳州市不断加大强农惠农富农政策力度，聚焦乡村振兴出台了一系列配套政策和行动指南，为柳南区贯彻落实乡村振兴战略规划指明了方向。各项利好政策推动更多的资源要素向乡村集聚，城乡融合发展进程加快，农业农村发展环境更加优化，为柳南区推进乡村振兴创造了重大的政策机遇和良好的外

部条件。

2. "互联网十"发展带来的市场机遇。柳南区推进乡村振兴迎来了"互联网十"快速发展的市场机遇。当前，互联网深刻影响农业产业链的各个环节，产前的资源数据、土地流转、农资供给，产中的智能生产、技术服务，产后的物流销售、信息服务等都可以借助互联网进行深度优化，具有巨大的应用前景。互联网可对柳南区农产品提升品牌形象、改善销售手段、拓宽客户群体等方面起到积极作用，可使柳南区农民通过信息获取拥有更多发展路径，提高创新创业机会。"互联网十"的快速发展为柳南区农业农村新技术、新模式、新业态的形成提供了有利条件和广阔空间。

3. "双园"创建带来的平台机遇。柳南区推进乡村振兴迎来了重大的发展平台机遇，先后成功入选第二批国家现代农业产业园和第二批国家农村产业融合发展示范园。柳南区可以充分利用国家级平台获得的财政奖补资金，整合各类涉农项目资金和自治区级配套资金，撬动社会资本，以多元化投入来推进园区项目建设，进一步为农业产业发展提供巨大动力。

（二）面临挑战

一方面，面临主导产业与同类产品的市场竞争。柳州螺蛳粉虽然拥有口味独特、产品新颖等特点，但是在预包装行业起步晚，而目前国内方便预包装市场产品种类繁多，竞争激烈。与方便面行业相比，螺蛳粉行业自主创新能力不强，新产品开发速度慢，产品保质时间、产品即食性等关键工艺仍有较大改进空间。对于销售渠道依赖线上的螺蛳粉来说，要挤占方便预包装市场，将面临更为激烈的市场竞争环境。

另一方面，面临产业发展和生态保护的交错矛盾。当前柳南区已高度重视生态保护，但产业发展过程中造成的污染问题仍不容忽视。农业生产中化肥、农药等长期使用，加工过程中废水、废气、废渣的排放等，容易造成地表和地下水体污染、土地板结沙化、大气污染等生态环境问题的产生。如何妥善协调好经济发展和生态保护的关系，是急需考虑解决的问题。

四、柳南区推进乡村振兴的提升路径

（一）立足高质量发展要求，推进产业振兴

柳南区以螺蛳粉产业引领农业农村现代化的发展路子已经成功走了出来，为应对"十四五"高质量发展的新要求，需要通过产业谋划再出发，推动产业提档再升级。一是坚持"龙头驱动"。围绕螺蛳粉等产业规划，研究制定"一企一策"的扶持措施，做大做强龙头企业。通过龙头企业有效连接市场，连接利益，带动农户，带动产业，提升农业现代化水平。支持龙头企业牵头与农民合作社、家庭农场、广大农户分工协作，创建要素优化配置、生产专业分工、收益共同分享机制。二是坚持"创新驱动"。强化科技攻关，加强与科研院校合作，加快动植物疫病防控、绿色投入品、加工技术、生产装备等领域关键核心技术突破，助力产业升级发展，增强市场竞争力。进一步构建柳州螺蛳粉产业科学、先进的质量管理标准和体系，对生产链的各个环节实施长效监管，推动企业严格按照标准进行生产经营，不断提高螺蛳粉产业质量安全水平。三是坚持"品牌驱动"。抓住当前螺蛳粉产业发展上升势头，放大螺蛳粉作为城市名片的作用，通过互联网经济、网红经济等新兴经济业态加大品牌宣传推介力度，进一步巩固和拓展柳州螺蛳粉品牌形象。加快推进螺蛳粉布局海外市场，拓宽海外销售渠道，提高知名度、美誉度，全力打造世界级螺蛳粉品牌。以打造世界级螺蛳粉品牌为目标，推行"企业自主商标＋地理标志商标＋专用标志"三合一的商标使用模式，用产品生产溯源、产品质量跟踪、产品品牌塑造、品牌管理、品牌包装、品牌服务、品牌运营来建立品牌信誉，以品牌引领产业规模不断扩大。四是坚持"融合驱动"。充分依托"双园"平台，不断促进以螺蛳粉产业为引领的乡村产业内部融合、农业产业链条延伸、农业多种功能拓展以及产城融合

发展等，不断拓展"旅游＋产业"发展空间，加快构建农村产业融合发展体系和服务支撑体系。支持龙头企业不断提升加工能力水平，研发更多新技术、新装备、新产品，把螺蛳粉产业打造成广西乃至全国农产品加工转型的标杆。

（二）加快人才队伍建设，推进人才振兴

建立自主培养与人才引进相结合，技能培训和学历教育并举的人才开发机制。一是分类推进本土人才培育。乡村人才应"因材施教"，对具备丰富生产经验的广大农民群众，应以加强先进适用技能培训为主；对新型农业经营主体人员，如家庭农场主、农民专业合作社带头人、农业企业负责人和农村经纪人等，应以提高科技素质、实用技能和经营管理能力等为核心；对行业需要的特定人才，应采取订单式培养，如利用螺蛳粉学院等职业院校开展职业人才培养。二是积极引进外来人才资源。充分利用园区平台集聚科技人才、展示转化科技成果、示范带动农民的优势，发挥科技人才支撑作用。建立人才对接平台，制定激励和管理机制，大力吸引社会化专业人才投身"三农"发展，为乡村建设提供持续动力。三是提供乡村创业干事好环境。落实和完善融资贷款、配套设施建设补助、税费减免、社保补贴等扶持政策，优化乡村营商环境，营造创新创业氛围，让人才愿意留、留得住。

（三）突出螺蛳粉文化乡愁，推进文化振兴

乡村文化振兴关键是留住乡愁，乡村文化建设重点要做好保护和开发、传承和创新。一是开发和保护乡愁文化。利用螺蛳粉这一"舌尖上的乡愁"的作用，讲好螺蛳粉文化故事，传播乡愁文化。深入挖掘和展示柳南区有关历史文化资源，让特色文化鲜活起来、价值体现出来。加强螺蛳粉等非物质文化遗产保护有关政策的制定和落实。科学保护传统村落，注重保留乡村风貌和乡土味道，打造看得见青山、望得见绿水、延得了文脉、留得住乡愁的宜人居所。二是留住和传承

乡村记忆。发挥乡村文化在稳定社会、凝聚人心、和谐社会方面的作用，探索建立一批"乡村记忆"示范点，以宣传教育、记住乡愁、弘扬礼仪、丰富文艺为建设内容，让乡愁切实落地，实现文化传承和创新。三是打造广西特色文化旅游胜地。加大旅游开发力度，以螺蛳粉小镇这一国家 AAAA 级景区为载体，进一步挖掘、展示螺蛳粉工艺等本地非物质文化遗产、历史和民族民俗文化资源，提升稻田、螺田等特色田园风光休闲价值，丰富工业游、美食游、研学游、康养游等主题路线，提升产城融合的空间景观格局，加强周边吃、住、行、文、教、乐综合配套，全力打造广西特色文化旅游胜地。

（四）加强环境保护治理，推进生态振兴

切实把绿色发展理念融入经济社会发展各方面，构建人与自然和谐共生的发展新格局。一是健全环境保护工作机制。按照"谁开发谁保护，谁污染谁治理，谁破坏谁恢复"的原则，实行最严格的生态环境保护制度。强化乡镇与村两级职责，压实镇政府环保主体责任，建立健全适合本地的环境保护法规体系和执法体系。强化地方企业参与生态环境保护的社会责任感，防止超标排放污染环境现象发生，鼓励达标企业实施深度治理。二是加强生态环境治理。大力开展农业面源污染、土壤污染综合防治，对水污染、空气污染等生态环境突出问题进行有效治理。统筹山水林田湖草养护和修复，实施轮作休耕制度，持续改善水生态环境。提高农民生态环境保护和治理意识。三是推行绿色生产方式。实施化肥农药减量替代计划，积极推广测土配方施肥和有机肥使用，推广病害虫统防统治、绿色防控等技术，打造绿色、生态、安全的螺蛳粉原材料种植、养殖业。避免预包装螺蛳粉的过度包装，鼓励使用可降解、可循环利用的包装材料。四是建设宜居乡村。持续深入开展农村人居环境整治和乡村风貌提升行动，加强对农村住房规划建设、环卫基础设施、绿化美化的有效管理，创建各类生态村屯，建立健康、绿色、生态、可持续的乡村生态系统，建设美丽宜居柳南新乡村。

（五）壮大村级集体经济，推进组织振兴

发展壮大村级集体经济是提升组织力的重要载体，也是党建促乡村振兴的重要抓手。一是分村制定措施。结合各村自身资源禀赋和发展基础，分村制定集体经济发展路径、方案和目标，实施分类引导和重点培育，积极推进和谋划发展螺蛳粉配套产业等村集体经济项目。二是注重示范引领。充分发挥基层党组织战斗堡垒和党员干部先锋模范作用，建立党员结对帮扶机制，在发展规划、创新创业、人才培训等方面进行指导帮扶，发挥党建在发展壮大村级集体经济中的引领作用。三是加强规范管理。健全村党组织领导机制、村集体经济法人治理机制，健全村级集体经济经营运行机制、监督管理机制和风险防控机制。进一步规范农村集体组织管理行为，促进农村集体经济组织规范健康发展。

贺州市八步区以农业东融推进乡村振兴的调研报告

容建波[1]

2018 年以来，贺州市八步区深入实施乡村振兴战略，按照自治区对贺州提出的"发挥优势、突出特色、全力东融、加快发展"指示要求，紧紧围绕贺州市委市政府赋予的"向东开放先行区"定位，紧扣"全力东融"这一工作主线，坚持把"东融"作为八步区农业农村工作最大、最好的发展机遇。以建设粤港澳大湾区"菜篮子""肉篮子""果篮子""后花园"为导向，积极发挥地缘优势与农业资源优势，瞄准粤港澳大湾区市场实施积极主动的农业东融战略，推动农业提质增效，农民增收致富，不断夯实乡村振兴农业产业基础。

一、八步区农业东融的形势机遇

（一）习近平总书记赋予广西"三大定位"新使命、"五个扎实"新要求带来的政策机遇

习近平总书记赋予广西对外开放"三大定位"新使命，将广西的对外开放发展上升为国家战略；提出"扎实推进现代特色农业建设"等"五个扎实"新要求，为富民兴桂提供根本遵循。广西加快

1　作者单位：广西壮族自治区农业科学院农业科技信息研究所。

构建"南向、北联、东融、西合"全方位开放发展新格局，积极推进现代特色农业提质升级，加快现代特色农业强区建设。广西"东融"开放合作与现代特色农业均驶入了快速发展轨道。八步区是广西的东大门，毗邻粤港澳，是大西南通往粤港澳的重要枢纽，区位优势明显、农业资源禀赋高，在加快东融以及推进农业农村现代化的"双引擎"驱动下，现代特色农业东融必将获得强劲的发展动力。

（二）粤港澳大湾区建设纵深推进带来的发展机遇

随着粤港澳大湾区建设上升为国家战略，以及《粤港澳大湾区发展规划纲要》正式发布，粤港澳大湾区建设进入全面铺开、纵深推进的快速发展阶段。在粤港澳大湾区经济驱动下，区域发展要素流动加快并加速向周边地区渗透，产业协同发展的共同市场加速形成，包括八步区在内的周边地区将迎来产业转型升级、技术创新升级的巨大红利。八步区交通便利，生态环境优越，拥有面向粤港澳大湾区的规模化、标准化的蔬菜生产基地，是粤港澳地区重要的农产品供应基地，有望成为粤港澳大湾区核心城市向外拓展延伸的选择之一，八步区现代特色农业发展将会遇到重要的发展机遇。

（三）广西打造贺州东融先行示范区带来的平台机遇

自治区党委、政府赋予贺州"广西东融先行示范区"的新定位、新使命，提出了"发挥优势、突出特色、全力东融、加快发展"的总体要求，进一步明确了贺州市在推动现代特色农业上示范先行，建设粤港澳大湾区"菜篮子""果篮子""肉篮子"的重要使命。随着贺州市东融先行示范区平台建设的深入推进，更多的基础设施、发展要素、政策红利将加速向贺州市集聚。八步区作为贺州市的政治、经济、文化中心，更是贺州市现代特色农业的龙头县区和东融先行示范区的排头兵，在农业东融上将最便捷有效地享有示范区平台建设所带来的发展机遇。

二、八步区推进农业东融的探索实践与发展成就

（一）做大特色优势产业

八步区瞄准粤港澳大湾区市场的庞大需求，持续增加优质高效农产品供给。以建设特色、高效、生态、品牌农业为重点，加强顶层设计，先后编制完成了《贺州市八步区畜牧业发展规划（2016—2025）》《八步区临贺淮山产业扶贫示范区建设规划》《贺州市满天下李子产业（核心）示范区建设规划》《贺州市八步区东融（供港）蔬菜核心示范区规划》《开山白毛茶建设规划》《贺州市供港蔬菜产业示范区三年行动计划（2019—2021 年）》等多个特色产业发展规划和建设规划，着力壮大白毛茶、淮山、蔬菜、香芋、食用菌、三华李种植与生猪畜禽养殖等特色农业产业。为精准对接满足粤港澳大湾区的消费需求，积极引进新品种，推出槟榔芋、豆杯、毛节瓜等一大批深受粤港澳大湾区欢迎的新品种、新产品。在特色主导产业的支撑下，八步区蔬菜、马蹄等农产品出口量位居广西县域前列，2019 年实现农林牧渔业总产值 60.35 亿元，第一产业增加值 36.42 亿元，超过广西县域平均水平 18 个百分点，位居贺州市三县两区中的首位。

（二）加快农业产业园建设

八步区以广西东融先行示范区规划建设为契机，以现代特色农业产业园、特色农产品优势区、现代特色农业示范区和农业产业强镇建设为抓手，积极创建现代特色农业示范区（园、点）和"一村一品"示范村，大力推进现代特色农业示范区增点扩面提质升级工作。以全国农业产业强镇——铺门镇为基础，以自治区三星级现代特色农业核心示范区——东融供港蔬菜产业核心示范区为核心，大力推进粤港澳大湾区蔬菜备案基地建设，辐射带动八步区农业产业发展。截至 2020 年 1 月，八步区建成自治区级现代特色农业核心示范区 4 个、县级示范区 8 个、乡级示范园 24 个、村级示范点 138 个，实现现代

特色农业示范区乡镇全覆盖。获粤港澳大湾区"菜篮子"生产基地备案第一批公示的企业 3 家，获供港农产品示范基地认定 1 个、出口农产品示范基地认定 1 个。2020 年 2 月，八步区东融（供港）蔬菜产业核心示范区被认定为"供港蔬菜备案基地"，也是第一批粤港澳大湾区"菜篮子"生产基地备案中广西唯一的种植业基地。

（三）推进质量兴农绿色发展

为满足粤港澳大湾区高端市场对农产品质量安全的高要求，八步区积极发挥"国家级出口食品农产品质量安全示范区"的品牌优势和影响力，引进香港《食物内残除害剂残余规例》等粤港澳大湾区农产品质量标准，着力推动农业绿色发展。积极实施质量兴农、绿色兴农战略，加快农药化肥减量化应用、农业污染治理与农业废弃物资源化利用，推动农业发展节本增效，提升农产品质量安全水平。八步区坚持生态优势金不换的发展理念，以"有机八步、全域旅游"为总体目标，积极创建全国有机产品认证示范区，通过实施畜禽粪污资源化利用整县推进项目、水稻绿色高质高效创建项目，加强农产品质量安全追溯、监管、检测和农业执法等有效措施，将八步区长寿品牌和生态资源核心优势转化为农业东融发展优势。2018 年，八步区《农产品质量安全追溯管理体系创新项目》获评 2018 年度全国县域数字农业农村发展水平评价创新项目；2019 年，八步区规模养殖场粪污处理设施装备配套率达 87.5％。

（四）加快产业融合发展

一方面，面向粤港澳大湾区庞大的旅游消费市场，以打造粤港澳休闲娱乐"后花园"为导向，以"养生八步"为品牌形象，紧紧围绕"六区融合、共建小康"的全域旅游工作布局，大力推进现代特色农业示范区、精品村屯、美丽乡村游精品示范点、特色小镇建设，着力推动农业、旅游、康养深度融合，培育形成了一大批各具特色的乡村旅游点与休闲农业示范园。到 2020 年，八步区打造了五星级乡村旅游区 1 家、四星级乡村旅游区 1 家、五星级农家乐 1 家、四星级农家乐 1 家、广西美丽乡村示范村 2 家、全国休闲农业与乡村旅游示范企业 3 家、广西休闲农业与乡村旅游示范点 3 家，接待境内外游客突破千万人次。另一方面，八步区积极培育农产品加工企业发展农产品加工业，重点打造农产品加工产业集群，成功培育了顺来农产品加工区等一批农产品加工集聚区，有效延伸农业产业链条，推动农村一二三产业融合发展。

（五）打造知名农业品牌

八步区擦亮"中国长寿之乡"的金字招牌，主打生态牌、有机牌、长寿牌，加快推进现代特色农业产业"三品一标"提升行动，大力推进区域公用品牌、企业品牌和产品品牌等农业品牌建设。八步区成立了"三品一标"品牌农业工作领导小组，专人负责生态有机农业和"三品一标"农产品认证申报工作的开展和实施。截至 2020 年初，八步区已获得信都红瓜子、信都三黄鸡、贺街淮山、开山白毛茶、八步三华李、南乡鸭等"三品一标"认证产品 50 个，认证产品数在广西 111 个县（市、区）中排名第 6 位；"三品一标"产品种植面积占八步区种植业面积的 30.55%，产量达到 21 万吨。成功培育了"天贺正丰""芋博士""贺街淮山"等优质品牌。贺街淮山、开山白毛茶入选 2017 年全国名特优新农产品目录；临贺牌淮山、临贺牌苦瓜、临贺牌莴苣、临贺牌菜薹获评广西名牌产品；贺州市天德星农林投资发展有限公司入选首批广西农业企业品牌，开山白毛茶入选首批广西农产品品牌。2019 年，依托农业品牌建设，八步区出口供港供澳蔬菜 5.87 万吨。

（六）培育农业经营主体

针对八步区农业企业小散弱，缺乏开拓粤港澳大湾区高端消费市场能力等问题，八步区以构建完善现代农业经营体系为目标，积极培育壮大新型农业经营主体。一方面积极引进粤港澳大湾区农业企业。

组建驻粤港澳大湾区招商办事处，驻点开展精准招商，先后引进康达尔集团、京基智农等一批农业产业化大企业落户八步区；推进实施一批投资超亿元的供港蔬菜重大产业项目，加快推进贺州市东融蔬菜产业示范区、贺州市正丰现代农业生态循环产业示范园、贺州市肉类加工配送中心等项目建设；八步区粤港澳大湾区重要农产品集散地的地位日益凸显。另一方面，大力培育和发展高素质农民、农民合作组织、家庭农场、农业企业等本土新型农业经营主体。截至2020年1月，八步区有农业企业349家，其中自治区级龙头企业1家、市级龙头企业8家；成立农民专业合作社621家，其中国家级合作示范社2家、自治区级示范社6家、市级示范社11家；发展家庭农场61家；规模以上农产品营销、精深加工企业5家。

三、八步区推进农业东融存在的主要问题

（一）农业品牌竞争力不强

八步区"三品一标"农产品数量虽然位居广西前列，但农业品牌建设还相对滞后，产品优势没有很好地转化为品牌优势。品牌影响力、竞争力不强是制约进一步拓展粤港澳高端市场的主要瓶颈。一是缺乏叫得响的区域公用品牌，如八步区尚无品牌入选中国农业品牌目录农产品区域公用品牌和广西农业品牌目录农业区域公用品牌，与农业大区及农业全力东融的现实发展需求不匹配。二是八步区企业品牌知名度不高，缺少核心品牌，竞争力不强，企业在品牌建设方面的龙头带动效应不明显。三是农产品普遍缺乏商标品牌、知名度不高、竞争力不强，如"贺州香芋"是当地的传统名牌产品，种植历史悠久，品质优良，畅销粤港澳地区，但在国内市场中，其品牌价值与市场知名度远不如邻近的"桂林荔浦芋"。

（二）产业融合度不高

八步区特色农产品丰富，但缺乏规模以上农业经营主体带动，导

致农业规模小、产业链短、产业融合程度低，产品附加值及产后销售效益得不到保证，严重影响产业持续发展。八步区现有市级以上龙头企业仅 9 家，占现有农业企业的比例小于 3％，仅占广西的 0.5％。农业企业和农民专业合作社普遍规模小，对产业的带动作用不强。规模企业，特别是加工企业的不足导致农村一二三产业融合发展乏力，农业产业链主要集中在种养及初加工环节，农产品精深加工环节较为缺乏，产业链断层明显。农产品营销流通环节不顺畅，农产品上行环节受阻。冷链物流运输水平较低，运输损耗严重，严重影响消费体验和品牌营造，不利于进一步深入拓展粤港澳大湾区高端消费市场。

（三）农业科技支撑水平不高

八步区农业科技支撑水平不高主要体现在两个方面，一是技术创新投资力度不够。八步区虽然是广西第二批现代农业产业（蔬菜类）科技示范县（区），但科研经费匮乏问题仍旧突出。2020 年，八步区 R&D 经费支出占 GDP 比重约为 0.3％，与全国 2.19％的占比水平相比存在很大的差距，导致本地科技创新成果产出少、层次低，难以满足更好地融入粤港澳大湾区的农业产业高质量发展的迫切需求。二是对前沿科学技术的引进推广相对滞后。八步区缺乏创新主体，高新技术企业、科研院所、高层次研发人才等科技创新资源严重不足，基层农技推广服务体系不完善，科技公共服务能力相对较弱，科技创新驱动能力有限。科技支撑不足导致综合产能不高。以蔬菜产业为例，作为广西蔬菜生产第一大县（区）的八步，2019 年蔬菜种植面积 26 220 公顷，在广西 111 个县域中排第 13 位；蔬菜产量 744 647 吨，排在第 12 位；蔬菜单位面积产量 28.4 吨/公顷，排在第 20 位，单位产能略显不足。

（四）标准化产业化水平不高

当前八步区标准化产业化水平不高，无法满足粤港澳大湾区高端市场高标准、大规模的市场需求。一是区域化水平不高。农产品的生

产地不集中，散布在各个乡镇，且在各个乡镇中也大多处于分散不连片状态，造成了农业生产管理难、生产不稳定。二是产业组织化程度不高。八步区的农业生产，特别是蔬菜生产，多以单家独户分散经营为主，由公司、合作社等创建的集约化、标准化生产基地不多，产业规模化程度低，带动作用有限，效益没有得到充分拓展。企业与农民的利益关系不紧密，产业组织化程度低，联动效应不强，"订单农业"发展缓慢，影响了行业整体竞争力。三是专业化水平不高。农副产品生产率不高，效率较低，多数农产品没有专业加工场所，分散生产的农产品销售渠道不畅，更无法提供相应的销售后服务。

四、八步区以农业东融推进乡村振兴的对策建议

（一）实施农业产业提质升级行动

打造产业集群，发展新兴产业，升级现代特色农业示范区，着力构建现代农业产业体系，促进现代特色农业提质增效，不断丰富粤港澳大湾区产品供给。

1. 打造七大特色优势产业集群。打造粮食产业集群。强化广西粮源基地县、全国粮食生产先进县（区）建设，以创建国家绿色水稻高质高效建设重点项目为带动，大力发展优质稻生产，示范推广稻菌轮作、稻薯轮作、稻菜轮作、稻鸭综合共养等绿色高产高效模式，推动粮食生产向绿色、高效、健康化、规模化、全程机械化方向发展。

打造水果产业集群。调整优化水果生产区域布局和品种结构，以市场为导向，以效益为优先，稳定水果总面积。以满天下李子产业核心示范区建设为重点，巩固三华李等主导特色水果产业优势，积极创建三华李广西特色农产品优势区，持续壮大"中国李子之乡"声誉。

打造蔬菜产业集群。着力提高蔬菜种植的区域化、规模化、标准化水平。加强供粤港澳和出口蔬菜备案基地建设，重点建设贺街万亩淮山标准园、莲塘万亩香芋标准化生产基地、贺街千亩马蹄标准化生产基地、铺门供港蔬菜基地以及贺街、莲塘秋冬菜生产示范基地，着

力打造淮山、香芋、双季茭白、贺街油茄、八步马蹄等特色优势蔬菜产业，做大做优珠三角和粤港澳的"菜篮子"。

打造食用菌产业集群。巩固发展莲塘、桂岭等传统优势栽培区，扩大步头、信都、仁义等新建栽培区。推广现代设施栽培技术，建设食用菌标准园示范基地和现代自动化工厂食用菌生产基地。加强新特优稀品种引进、试验、筛选、提纯复壮及示范推广工作。建设菌种、基质生产供应基地，发展安全、优质、保健的食用菌生产。

打造茶叶产业集群。加强统一规划和引导，以开山、桂岭、大宁、黄洞等适宜产业种植的山地为主，推广优质无性系良种白毛茶种植，重点推进开山白毛茶产业化开发等项目建设。鼓励发展茶叶初精深加工、"茶叶＋旅游"等经济业态。

打造中药材产业集群。建设八步中药材优势区，重点发展鸡血藤、千斤拔、葛根、穿心莲、益母草、铁皮石斛、茯苓、厚朴、栀子等地道中药材，推动品种结构优化，做大产业规模。做大做强中药材种植、加工龙头企业和合作经济组织，推动中药材种植、初加工、销售一体化发展、产业化经营。

打造畜禽养殖业集群。推广现代生态技术养殖，加快养殖规模化、产业化、生态化发展，实施品种选育和良种工程，着重在生猪、肉牛、山羊等方面培育或完善一批良种繁育生产基地，推进以生猪、鸡、鸭为重点的畜牧业结构调整，做大做强信都三黄鸡、南乡鸭等畜禽品牌。

2. 创新发展新型农业业态。大力推进培育农村电子商务，支持农民依托平台网络发展电子商务、网上农场、网上农家乐等新产业新业态新模式。发展乡村文创产业，助力文化振兴。围绕乡村特色文化做好文创产业营商环境构建，举办各类文创活动，扩大影响力，吸引投资商及文创业态前来投资创业，以助力文创、旅游产业发展。推动科技、人文等元素融入农业，发展农田艺术景观，阳台农艺等创意农业。鼓励发展农业生产租赁业务，积极探索农产品个性化定制服务、会展农业、农业众筹等新型业态。

3. 升级现代特色农业示范园区。 立足贺州东融"排头兵"新使命新定位，更加积极主动融入广西东融先行示范区规划建设，将农业园区作为农业东融主阵地持续推进现代特色农业示范区增点扩面提质升级工作，提高示范区经营效益和管理水平，推动示范区由低层级向高层级升级，实现技术升级、改革升级、产业升级。发挥铺门农业产业镇以及东融供港蔬菜产业核心示范区的示范带动作用，以点扩面，大力扩大推进粤港澳大湾区农产品备案基地建设。根据地区发展优势，优先在产业集聚区开展建设一批农产品优势区、产业园、科技园、田园综合体等"三区三园一体"项目，重点推进三华李、蔬菜、茶叶、食用菌等特色农业优势区，中国李子科研中心（中国李子科技园），"李满天下"田园综合体，八步区供港蔬菜田园综合体项目建设。

（二）实施三产融合发展行动

以全产业链发展为导向，重构升级农业产业链，加快推进农村一二三产业深度融合发展，着力延伸农业产业链与价值链。

1. 发展壮大农产品加工业。 加大对农产品加工企业的扶持力度，积极培育农业产业化联合体，培育一批农产品生产加工企业，促进一产生产规模扩大，二产加工产品附加值提升，辐射带动运输、销售、旅游等三产服务，走产加销一条龙、农工贸一体化发展之路，加快推进农村一二三产业融合发展。提高农产品加工率和精深加工水平，支持企业引进开发真空脱水蔬菜、马蹄加工、茶叶精深加工、水果精深加工、块茎类农产品精深加工、茶多酚提取等农产品加工技术，推进农产品多元化开发、多层次利用、多环节增值。鼓励发展饲料加工、有机肥加工等综合加工产业。加快农产品加工集聚区建设，推进农产品加工向产地集聚，与销区对接，向园区集中，打造一批县级以上农产品加工集聚区。发挥八步区"中国长寿之乡"的品牌优势，利用八步区丰富的农产品资源及食品工业基础，依托"三品一标"和供港蔬菜优势打造长寿养生食材标准化生产基地与精深加工园区，积极开发养生保健、食药同源加工食品，做大做强做精长寿食品经济，将八步区打造成长寿食品研发加工生产先行示范基地以及中国长寿食药之都。

2. 健全农产品流通产销对接体系。依托莲桂商贸物流产业园、信都火车站现代物流园打造集运输、储存、流通加工、配送、信息处理等多功能为一体的商贸物流平台和专业物流市场，完善农产品生产配送基地、冷链设施、电商物流、产销对接服务网络。基于八步区特色农产品优势区、肉类蔬菜供港基地等布置大型冷链仓储物流仓库，全面覆盖八步区重要蔬菜种植集中区和肉类养殖聚集区，形成八步区县、乡、村三级区域性农产品产地仓储冷链物流系统。推动田间地头冷链物流仓储配套设施建设，建立从"田头到餐桌"的一体化冷链物流体系。进一步深化与粤港澳大湾区主要批发交易市场、零售网络、配送体系的合作关系，建设以贵州-广州高铁为纽带、以粤港澳大湾区城市群为核心市场、面向全国的农产品销售网络。大力发展农超、农企、农社、农批对接以及个性化定制配送等新型营销模式，创建一批"社区＋农产品"对接渠道，促进生产、经营、流通、消费无缝链接，提高农产品供给体系质量和效率。

3. 推动农文旅深度融合发展。依托"中国最美休闲度假旅游名区""中国最美生态旅游名区"品牌效应，深化粤港澳大湾区"后花园"建设，深入挖掘农业非农功能，推进农业与旅游、教育、文化、健康养老等产业深度融合。挖掘地域文化特色，依托全域旅游示范区创建工作的契机，深入实施产区变景区、田园变公园、劳作变体验、农房变客房等"四变工程"，大力发展休闲度假、旅游观光、养生养老、创意农业、农耕体验、乡村手工艺、农业研学等休闲农业旅游业态。重点发挥长寿品牌效应，推动"农业＋康养"深度发展，培育发展"温泉康养、森林康养、乡村康养、小镇康养"四大长寿康养旅游特色产品体系，打造健康养生旅游胜地，创建一批星级乡村旅游区、星级农家乐、精品特色民宿、休闲农业与乡村旅游示范点，促进农文旅融合发展。强化与珠三角、粤港澳及大桂林旅游圈的有机衔接，深度参与推进"粤桂画廊"建设，重点打造大健康和农文旅融合产业集群，把八步区休闲农业建设成拉动农村一二三产业融合，推动农业与农村发展的战略性主导产业。

（三）实施质量兴农绿色发展行动

坚持"绿水青山就是金山银山"的发展理念，更好适应粤港澳大湾区对绿色有机农产品的消费需求，深入实施绿色强农、质量兴农战略，走绿色生态、资源节约、环境友好、可持续的农业发展道路。

1. 推广农业绿色生产方式。大力推广节水、节肥、节药等节约型农业技术，推广减量化和清洁化生产模式，提高农业废弃物资源化利用水平和农业面源污染治理水平。加快实施化肥农药减量替代计划，推广测土配方施肥、有机肥替代化肥等水肥一体化技术，引导农民施用高效缓（控）释肥料、生物肥料、有机肥。推广绿色防控技术，严格控制高毒高残留农药施用，加快推广生物农药、高效低毒低残留农药。促进农业废弃物资源化利用，全面推进农作物秸秆、种养业资源化综合利用和病死动物无害化处理以及农资废弃物回收。大力推动秸秆饲料化、肥料化、基料化、原料化和能源化利用，提高秸秆综合利用率。引导农业生产经营者和农民回收废弃棚膜、地膜、食用菌棒膜及肥料包装物。大力推广"栏舍生态化＋微生物"等生态养殖模式，实行养殖分区管控，强化养殖污染防治。推广健康生态养殖技术和模式，规范限量使用饲料添加剂，减量使用兽用、渔用抗菌药物。实施种养结合，深入推进畜禽粪污治理和资源化利用。

2. 推进农业全程标准化。按照绿色食品、有机食品标准和国际通行的农业操作规范，制定、修改、完善农产品的生产技术规范和操作规程，健全完善农业全产业链标准体系，打好生态牌、特色牌，打造一批标准化供港绿色农业生产示范基地，积极创建全国有机产品认证示范区，推动产业由增产向提质升级。持续推进"三品一标"认证、良好农业规范（GAP）认证，重点面向优势特色产业，实施农产品质量全程控制生产基地创建工程，打造产地环境、生产过程、产品质量、包装标识等全流程标准化体系，健全全产业链标准体系。建立健全农产品等级规格、品质评价、产地初加工、农产品包装标识、田间地头冷库、冷链物流与农产品储藏标准体系。全面开展二维码追溯和食用农产品合格证双覆盖工作，从田间到餐桌全程加强农产品质量安全，做到"上市农产品有标识、问题农产品可溯源、农产品流向可追踪、质量信息可查询"，提高农产品质量安全监管能力和水平。

3. 提高农产品质量安全水平。持续强化"国家级出口农产品质量安全示范区"建设，全面引进粤港澳大湾区农产品质量标准体系，提升供粤港澳农产品品质。加强重大疫情疫病防控体系建设。着力构建防控结合、科学规范、责任明确、处置高效的动物疫病防控体系，完善动物疫病防控策略机制，有计划地控制、消灭和净化对畜牧业生产和人民群众健康安全危害严重的动物疫病。加强疫病源头控制，引导养殖者实施统一防疫，定期检测，严格消毒，降低动物疫病发生风险。加强动物卫生监督执法，提高执法能力，规范执法行为，加大执法力度，推进动物产品安全全程监管。加强动植物有害生物防治，尤其是野生动植物的检疫。

（四）实施农业科技创新行动

提升扩大八步区作为广西第二批现代农业产业（蔬菜类）科技示范县（区）的影响力和带动力，实施科技兴农战略，充分利用现代化的科学技术手段改造提升传统农业，加快构建现代农业生产体系提升农业综合产能，更充分地满足粤港澳大湾区对高品质农产品量的需求。

1. 大力推进农业良种化发展。实施现代种业创新提升工程，加大种养优势特色产业的良种攻关和加工型品种引进培育力度。围绕八步区特色优势产业，加大水稻、水果、蔬菜、食用菌、白毛茶、水产畜牧等优势特色产业良种引进选育力度，重点引进高产、优质、抗逆、适合机械化生产的新品种。根据粤港澳大湾区消费习惯和市场需求，有针对性地引进培育一批农产品新品种。加强本土种质资源保护与开发利用，加快农林业种质资源库和原生境保护点、种养业遗传育种中心和水产种质资源数据库建设。

2. 加强关键领域科技攻关与成果转化。围绕农业产业高质量发展需求，加强与广西农科院等科研机构的交流合作，开展科研协同攻关和技术协同推广，集中攻克制约农业高质量发展的关键实用性重大技术。重点开展农产品精深加工、农业机械化、生猪生态养殖、农产品采后仓储运输等农业关键技术攻关与应用推广。推进科技创新示范平台建设，着力打造一批以科技支撑产业发展的创新型乡镇、农业科技园区、农业科技示范基地。支持企业设立工程研究中心、技术中心，协同科研院所形成产学研技术创新联盟，建设一批科技企业孵化器、众创空间、星创天地等创新创业基地。大力引进高层次专业人才和团队设立专家工作站、科研工作站，加大本土创新型人才培养力度，积极培养一批学科带头人、中青年学术骨干、企业技术领军人才、科技管理人才。推进实施乡镇农业技术推广机构（乡镇农技站、农机站、水产畜牧兽医站）改革建设，建立健全运行高效、服务到位、支撑有力、农民满意的乡镇农业技术推广机构，增强基层农业技术推广体系公共服务能力。

3. 加强粤港澳科技合作。全力参与粤港澳大湾区"菜篮子"等农业科技城际合作，加强与广州市农业科学研究院、广东省农业科学院、华南农业大学等粤港澳大湾区科研院所和高校的技术交流合作，引导高校和科研机构参与八步区农业建设，聘请专家到八步区开展技术指导培训，建立成果中试基地，培训科技人员和高素质农民，促进供港果蔬产业国际化发展与特色农产品精深加工技术创新联动。举办"农业产业东融专题研讨班"，全面对标先进理念，主动适应东融需要。

（五）实施农业品牌创建行动

深入实施农业品牌提升行动，打造一批知名农业品牌，以品牌建设拓展粤港澳大湾区市场，着力提升八步区农产品品牌附加值，延伸价值链。

1. 构建农业品牌体系。突出八步区优势特色，依托三华李、蔬菜、茶叶、生猪、三黄鸡、鸭等优势农业产业，发挥"中国长寿之乡""国家级出口农产品质量安全示范区"的品牌优势，全力打造"寿城门户·康养八步"农业品牌，培育打造一批在全区乃至全国具有较高知名度的区域公用品牌、企业品牌、产品品牌，加快构建八步区农业品牌体系。突出品牌强农导向，积极创建"三品一标"农产品，打响绿色品牌、富硒品牌、有机品牌、长寿品牌，提质发展绿色有机生态农业。发挥信都红瓜子、信都三黄鸡、贺街淮山、开山白毛茶、八步三华李、南乡鸭等地理标志产品原产地优势，做大做强一批具有八步特色的区域公用品牌，争取一批品牌入选自治区级以上区域公用品目录。积极创建特色农产品优势区，加快推进三华李、蔬菜、茶叶、食用菌等特色农业优势区建设，依托优势区打造一批特色农业品牌。

2. 推进品牌农业建设。围绕品牌名称、品牌标志、品牌包装等加快推出个性鲜明的八步农业品牌形象。做好品牌营销宣传推介工作，加大力度组织产品推介会，组织优秀企业参加农产品交易会、大型农博会、农超对接会等产销对接活动，推动核心品牌"进高速、进高铁、进机场、进地铁、进商超、进酒店、进景区"，开设销售形象门店和专区；因地制宜举办各具特点的节庆活动，提高公众的关注度，扩大农产品的品牌知名度和影响力。充分挖掘农耕文化、乡土文化、民俗文化和历史故事，把文化故事孕育于产地、产业、产品中，讲好品牌故事，以故事沉淀品牌精神、提升品牌价值，扩大公众对八步农产品的认知度、美誉度、忠诚度。加大品牌保护力度，积极开展证明商标、集体商标注册和地理标志保护，注重产地认证，防止外来农产品滥用品牌，以保持该品牌所特有的区域优势，维护品牌的市场形象。定期对区域公共品牌使用主体开展品牌培育、品牌保护等知识培训，提高使用主体的品牌意识和法制意识，切实保护品牌农产品的知识产权，防止发生地域农产品品牌的信任危机。

3. 推进农产品品牌整体规划。强化"中国长寿之乡"的整体城市品牌形象定位，以资源和比较效益整合品牌的思路，依托龙头企业、标准化体系，走市场机制与政府引导相结合、品牌整合与企业整合相结合、品牌整合与市场细分相结合、母品牌和子品牌相结合之路，整合小散涉农品牌，通过整体打造实现聚集发展，提升品牌实力。强化企业使用特定品牌的审核机制，探索建设企业联盟，实现区域内同类产品、同类品牌、同类企业整合发展，实行统一标准、统一商标、统一价格、统一宣传、统一开拓市场，实现品牌、资源、资本、市场、人力等方面的整合，促进品牌效益提升。

（六）实施经营主体培育行动

通过内培外引，壮大本土企业，引进知名龙头企业，强化农业经营主体的联农带农作用，推动八步农业实现产业化、组织化、集约化、适度规模化经营。

1. 培育壮大农业经营主体。优化农业农村营商环境，注重内外结合加强引资融资，大力培育龙头企业、农民合作社、家庭农场、专业大户等新型农业经营主体，特别是农产品营销、加工企业，努力打造县域农业全产业链。重点做大做强本土农业经营主体，继续培育扶持贺州市顺来农业发展有限公司、贺州市八步区莲塘镇白花村绿循农业发展有限公司、贺州市巫氏禾田农业科技有限公司等农产品生产、加工企业，支持龙头企业组建大型企业集团。积极对标粤港澳大湾区，围绕农业生产、加工、营销等环节，加强与粤港澳大湾区农业龙头企业的合作，大力引进粤港澳台的企业、资本，推动经营理念、经营方式与粤港澳大湾区精准对接，借助粤港澳大湾区企业属地优势更好地打开粤港澳大湾区市场。

2. 提升农业经营主体联农带农能力。促进小农户与现代农业有机衔接，通过龙头企业等新型农业经营主体带动小农户进行适度规模经营，提升八步区农业产业化、集约化、规模化经营水平。引导企业通过订单收购、保底分红、二次返利、股份合作、吸纳就业、村企对接等多种形式强化"公司＋农户""公司＋农民合作社＋农户"等利益联结机制，带动小农户共同发展，将小农户纳入现代农业产业体系。鼓励支持龙头企业在原料基地附近发展加工业，带动农村劳动力就地就近二三产业就业。对带动小农户多、增收能力强的农业企业给予政策倾斜支持。

3. **发展多形式适度规模经营**。以土地适度规模化、农业服务适度规模化为重点推动农业适度规模经营。贯彻落实好小农户土地承包政策，鼓励农民在自愿前提下采取互换并地、土地承包区退出等方式解决承包地细碎化问题，促进土地小块并大块，引导逐步形成一户一块田。鼓励承包农户依法采取转包、出租、互换、转让及入股等方式流转承包地，引导农民以承包地入股组建土地股份合作社，鼓励承包农户开展联户经营，引导培育发展家庭农场、专业大户、农民合作社及联合社、龙头企业等经营主体，扩大生产经营面积。积极推动农业服务规模化发展，形成"生产小规模，服务规模化""生产在户，服务在社"的农业规模经营格局。大力发展农业生产性服务组织，引导鼓励发展土地托管、生产托管等农业服务，发展单环节托管、多环节托管、关键环节综合托管和全程托管等服务模式。促进专业分工基础上的服务规模经营。

IV 典型篇

广西乡村振兴蓝皮书
广西乡村振兴报告2021

桂林市龙胜各族自治县龙脊镇
大寨村乡村振兴案例

黎丽菊¹　邓国仙¹

桂林市龙胜各族自治县龙脊镇大寨村，位于全球重要农业文化遗产地龙脊梯田核心区金坑片区，其以得天独厚的梯田自然景观、底蕴深厚的梯田稻作文化和浓郁丰富的少数民族风情为依托，通过推进农村集体产权制度改革，深度参与农文旅市场开发，聚力打造农业文化遗产品牌，走出了独具特色的乡村振兴"龙脊典型"。

一、基本情况

大寨村距离桂林市区 103 公里，距离龙胜县城 36 公里，现有 16 个村民小组、286 户、1 288 人，98％以上人口为瑶族，传统产业为水稻种植。大寨村所在的龙脊梯田是世界闻名的梯田景观，是国家 AAAA 级旅游景区、全国农业旅游示范点、首批自治区级风景名胜区，2014 年入选中国重要文化遗产，2018 年与湖南紫鹊界梯田、江西崇义梯田、福建尤溪联合梯田一并作为中国南方稻作梯田的代表入选全球重要农业文化遗产名录。大寨村内有着龙脊梯田的核心景观群"西山韶月""千层天梯""金佛顶"等，每年举办开耕节、长发节、梳秧节、晒衣节、龙脊金秋梯田文化节等民俗节庆活动。2019 年，

1　作者单位：广西壮族自治区农业科学院。

全村梯田旅游实现分红收入 720 万元，分红最多的一户达到 5.8 万元。

　　曾经的大寨村，位处崇山峻岭中、交通不便、信息闭塞，仅有一条泥路与外界联通，运输生产生活资料只能靠马拉人扛，村民主要收入来源是外出打工，20 世纪 90 年代还因出产金矿而被人们称作"金坑"，但"挖金山"不仅没有使大寨村民致富，反而造成了较大的生态环境破坏，至 2003 年全村年人均收入仍不足 700 元，"半边铁锅半边屋，半边床板半边窝"是当时大寨村村民生活极度贫困的真实写照。贫困并没有阻碍大寨人追寻幸福生活的步伐，进入 21 世纪初，大寨村重启发展键，关掉"金坑"、恢复农业生态、搞乡村旅游，走上了与浙江安吉余村相似的绿水青山就是金山银山的发展之路。2003 年 9 月，大寨村在上级党委、政府的正确领导下，凭借梯田群恢宏的自然景观、吊脚木楼古朴的建筑景观和少数民族歌舞多彩的人文景观优势，与企业合作开发了农耕文明浓郁、生态风景秀美、民族元素丰富的红瑶梯田景观旅游。到了 2008 年，吃上农耕旅游饭的大寨村就已实现整村脱贫，通过了自治区整村推进扶贫开发验收。党的十九大以来，大寨村深化农村改革、大力发展村级集体经济，加快以农文旅融合为重点的一二三产业融合发展，进一步走上了乡村振兴的快车道。

　　近年来，大寨村先后获得了一系列荣誉，获中国经典村落景观、全国旅游扶贫示范村、第十五批自治区文明村镇称号，入选首批全国乡村旅游重点村名单，成为广西乃至全国闻名的乡村振兴典型村寨。

二、做法和经验

(一) 用好"三变"改革，激活"地、钱、人"

　　大寨村把推进农村资源变资产、资金变股金、农民变股东的"三变"改革作为乡村振兴的突破口和动力源，充分利用土地资源和梯田景观资源，吸引社会资金投入，与社会资本共同盘活土地资源、共同开发梯田产业，逐步解决了制约村寨升级发展的"地、钱、人"问题，激发了乡村振兴的发展活力。

活用土地资源，资源变股权。梯田是大寨村最大的资源，在发展的过程中大寨村立足梯田资源、用活梯田资源，激活了乡村振兴中"地"的要素。一方面，大寨村引导动员集体经济组织成员将梯田收归用于整体打造，并以集体所有土地和整体打造的梯田景观入股龙脊旅游有限责任公司，与龙脊旅游有限责任公司合作开发运营龙脊梯田景区，实现了自身最大的资源变为带来增值收益的股权。另一方面，大寨村还以梯田（水稻田）资源入股县农业局引进的聚丰园公司，在景区内按公司的规范化要求种植龙脊优质大米，并签订合作协议由公司统一收购，不仅"景"变"股权"，"米"也变"股权"。大寨村以土地资源入股，让沉睡的梯田"活"了起来，并依托梯田打造出远近闻名的以梯田旅游为核心的大产业。

善用投资项目，资金变股金。乡村发展离不开资金的投入，大寨村以梯田吸引和承载社会资本下乡入乡，激活了乡村振兴中"钱"的要素。一方面，在合作开发龙脊梯田景区中获得了股金方面的收益，龙脊旅游有限责任公司每年补贴1 000元/亩给景区内的水稻种植户，并提取景区门票收入的10%作为梯田维护费给所有种田农户，还按照与大寨村商定的分红方案进行股份分红；通过龙脊梯田景区开发，大寨村村级集体经济分红2018年达到673万元、2019年达到720万元，村级集体经济收入比2003年的2.5万元增长了280多倍。另一方面，积极开发新投资项目，引进金坑索道公司，在金坑梯田景区投资建设了大寨停车场至金佛顶的索道缆车项目，村民则多渠道入股，且根据金坑索道公司与大寨村签订的旅游合作协议，索道公司按缆车门票收入的4%分红给大寨村村民；索道项目建成后，大寨村村民已累计获得分红超百万元。

巧用合作方式，农民变股民。农民是乡村振兴的主体，大寨村与旅游公司、农业公司、索道公司的多形式合作、多渠道入股，使大寨村民从传统意义上的农民变成了新时代农村新经济新业态的股民，全

面激发了大寨村民参与经营、共同发展的积极性，激活了乡村振兴中"人"的要素。在保障村民利益和权益方面，大寨村村集体经济收入分红由多方协商和集体议定，立足共同富裕、兼顾全村，切实让成为"股东"的村民享有表决权，共享乡村发展的红利。从 2009 年起，大寨村的股份分红方案综合考虑了梯田面积数、农户数、人口数和村集体提留等四个方面，将集体经济收入按相应的四大块进行分配，其中的 50％按面积分配、20％按农户户数分配、20％按户口人头分配、10％提留用于村公益事业等；到了 2012 年，又将上述分配比例调整为 70％、12％、12％和 6％。在与时俱进的合作方式调整中，村民与景区内的各经营主体之间形成了互利共赢的良好利益联结关系。

（二）拓展"梯田"产业，提升"形、实、魂"

梯田是大寨村的产业基础，由之衍生的旅游业、民宿业、餐饮业等，均依"梯田"而生，靠"梯田"而旺。为保护梯田不遭受水土流失的侵害，大寨村村民组织成立梯田维护管理小组和护林队，在梯田周边因开采金矿植被遭到破坏的区域造林 2 000 多亩，定期巡查村寨梯田周围的原始森林，防火防灾防乱搭建。大寨村还将统一收割稻谷的时间写入村规民约，村民共同遵守，共同维护梯田景观。此外，大寨村还加快探索和推进产业结构调整，在不影响龙脊梯田整体景观的前提下，在非水稻种植季节，充分利用梯田的土地资源，试种百香果、罗汉果等多种作物和高山花卉等改善景观的作物，增加不同季节梯田景观的多样性，提升了大寨村"全季旅游"的产业之"实"。

依托产业之"实"，支撑和促进乡村"形"和"魂"的同步提升，从而又进一步拓展"梯田"产业，是大寨村乡村振兴的成功路径。随着以梯田旅游为核心的乡村旅游产业的发展，给大寨村带来了可观的旅游收入，也吸引了国内外游客纷至沓来，游客对观景、采风、乡村深度游、民俗乡愁体验等的需求越发多样化，传统单一的梯田观光已难以满足市场。在市场需求和自身需求的双重激发下，大寨村加快产村融合发展，大力推进乡村建设，在"梯田"产业支撑下，修缮了

"梯田楼"，修好了"梯田路"，开起了"梯田车"，自身生活品质、水平大幅提升；在景区的统一规划布局和村集体的组织发动下，大寨村内的公共基础设施建设和寨楼民居风貌改造加快推进，建成风雨桥、大型停车场、观景平台、旅游公厕、景区步道、民族歌舞场等旅游配套场所，深度挖掘红瑶独特的民族文化与稻作习俗，保留使用传统方式耕种梯田，既留住和唤醒了浓浓的乡愁记忆，又提升和拓展了旅游服务功能，村民也在此基础上发展起了民宿产业，形成了以少数民族特色村寨为"形"、以"梯田"产业群为"实"、以民俗乡愁为"魂"，"形""实""魂"相辅相成、同步提升的发展态势。

（三）重塑"农耕"招牌，融合"农、文、旅"

大寨村在发展过程中，立足"梯田"这个"农耕"基点，注重将农业、文化、旅游深度融合起来，打响和擦亮了龙脊梯田这个全球重要农业文化遗产地品牌。

突出农耕本身。 大寨村民深知水稻种植对梯田景观的重要性，为达到既种好"风景"、又种好"粮食"的目标，在县农业局的指导下与农业企业聚丰园公司合作，推广种植适应本地气候条件的优质丰产水稻品种，对梯田灌溉系统进行科学规划和统一管理，大幅提升了水稻的产量和质量，集中力量打造了"龙脊大米"品牌，推动水稻产业向高品质高质量发展，优质稻米产品也成为当地旅游热销商品。

融合文化赋能。 据考证，龙胜梯田的稻作文化至今已有2 300多年历史，集中了侗、瑶、苗、壮等少数民族原汁原味的习俗民风。大寨村将自身丰富的民俗、习俗、风俗融入梯田观光的旅游链条中一并开发，积极与景区共同谋划举办独具民族特色的节庆活动，在传承祖辈优秀传统文化的同时，讲好"梯田故事"，以文化提升"梯田旅游"品质，以文化点燃"梯田旅游"新的"引爆点"。2019年9月，龙胜的中国农民丰收节暨龙脊梯田全球重要农业文化遗产地稻耕文化旅游节成为人民网全国70个直播点之一，直播展示了龙脊梯田作为全球重要农业文化遗产地的独特魅力。

组建村寨联盟打造全域旅游路线。大寨村的梯田群不仅是龙脊梯田景区的核心区域，其农文旅融合模式也成了周边民族村寨学习的模板。为避免旅游产品、路线的同质化竞争，在龙胜县统筹谋划下，大寨村与周边各村寨建立形成了"村寨联盟"，围绕服务龙脊梯田景区，布局开发了凤鸡、翠鸭、百香果、罗汉果等特色农业产业，引导村集体和村民开设了民宿、餐馆、农家乐，鼓励村民销售各类土特产和民族刺绣工艺品，形成了结构合理、功能齐备、景致错落的全产业链融合和全域旅游区域。以大寨村龙脊梯田景区为核心，龙胜县正集中建设一条长达 300 公里的生态旅游环线，将县域内 10 个乡镇和绝大部分行政村的景观景点串点成线、连线成片，全面打响和擦亮农耕旅游招牌。

三、启示和体会

（一）用好资源是基础，催生产业老树发出新芽

大寨村种植水稻已有上千年历史，世代耕耘的稻田在闭塞的大山中只能展现"面朝黄土背朝天""一方水土养不活一方人"的贫苦画面。大寨村在摆脱贫困并进一步走向乡村振兴的发展道路中，以"三变"改革充分用好自身资源，吸引和承载工商资本下乡入乡，使梯田这个本来"不利"的生产条件变成吸引观光旅游的壮丽景观。大寨村在乡村旅游业兴旺起来后没有舍本逐末，深知水稻产业与旅游业相互依存的关系，进一步重视发展和提升了作为景观主体的稻田这个第一产业，促进第一产业与农产品加工业、旅游业、服务业等深度融合，打造发展出了以梯田为核心的乡村大产业和全产业链，实现了产业老树发出新芽，夯实了乡村振兴的产业基础。

（二）创新模式是保障，促使利益联结更加紧密

大寨村集体与村民通过土地入股旅游企业、索道公司等，将稻田景观打造、梯田维护与景区门票、缆车门票等经营收益挂钩，景观护

理和景区经营的好坏直接关系到村民的分红多少，而景区内村民自主经营的民宿、餐饮和各类服务又与景区客流量休戚相关；即便是因景区基础建设而"失地"的农户，也拥有相应的股权和补偿，村民从单打独斗的小农户转变为景区旅游产业链条上重要的环节。在这样的发展模式下，村企之间形成了紧密的利益联结关系，确保了村民"失地不失业"和就近就地就业，实现了乡村、农民、企业在景区发展过程中共同成长、红利共享和乡里共荣，将发展红利切切实实地留在农村；旅游企业则获得了长期稳定有利的外部发展环境、相对固定的劳动力来源以及自然景观、民族文化等开发资源。同时，龙胜的"村寨联盟"旅游发展模式，是龙脊梯田景区利益联结机制的完善、扩展和辐射，促进了更大范围内的经营主体和村寨农户抱团发展。建立紧密的利益联结模式，成为大寨村推进乡村振兴的重要保障。

（三）突出龙头是关键，实现加快发展更有保障

火车跑得快，全靠车头带。大寨村在乡村产业开发中获得成功，关键在于其有着强有力的村集体，并引进了专业的市场主体。企业进入后对龙脊梯田进行大额投资、整体打造、科学运营、统一管理，运用现代经营理念，运营星级旅游景区，完成了"璞玉"的打磨，是龙脊梯田景区从深山走向世界展现华彩的直接"操盘手"。大寨村16个村民小组1 288人分布在梯田景区内外的6个村寨，在村党支部和村委的强有力组织协调下，分田到户零零碎碎的层层梯田才得以统一管理和安排，村企之间、村民之间、寨内外村民小组之间的关系才得以有效协调，特别是涉及企业、村集体、村民多方利益的分红比例才能够妥善协调商定。此外，在大寨村"两委"的有力带动下，村级集体经济在梯田景区开发过程中借船出海、发展迅速，集体经济收益提升以后将更多用于集体公共事业和教育基金，使大寨村的发展更有保障、更有底气、更有计划、更有未来。

北海市海城区高德街道赤西村乡村振兴案例

汪羽宁[1]

北海市海城区高德街道赤西村，地处北海市海城区、银海区、合浦县交汇处，位于南北二级公路北海－合浦中段，距离市区 10 余公里。赤西村是"十三五"期间北海市海城区唯一一个建档立卡贫困村，共有贫困户 109 户 490 人。近年来，赤西村聚焦基础提升、资源盘活、产业升级，2016 年底实现脱贫摘帽，2017 年贫困人口全部提前脱贫。在巩固脱贫攻坚成果的同时，赤西村大力推进乡村振兴，从海城区唯一的贫困村蜕变成产业兴旺、群众富裕、乡风文明、村容如画的"示范村"，先后获评自治区级生态示范村、北海市"九有"建设示范点、海城区乡风文明示范点和北海市乡村振兴示范村等。

一、攻坚突围：高质量打赢脱贫攻坚三场硬仗

从前，北海市坊间曾流行一句话："有女不嫁赤西村，天天担水上门吃。"这句话形容的便是赤西村的窘况。"十三五"以来，赤西村聚焦"两不愁三保障"和补短板，采取"一网四清单"作战模式，多措并举脱贫振兴，一是建立联防联控机制，做到零辍学，实现义务教育有保障；二是扩大帮扶救助覆盖面，实行无差异化补助，落实

---

1 作者单位：广西壮族自治区农业科学院农业科技信息研究所。

"198"政策，实现基本医疗有保障；三是多渠道筹措资金 130 多万元，维修改造房屋近百户，实现住房安全有保障；四是全面完善提升饮水工程，基本实现自来水到户，实现饮水安全有保障。赤西村在北海市率先推出微信平台"海城区扶贫管理"小程序，通过采取"互联网＋扶贫管理"，创新帮扶工作方式，做到帮扶信息"码"上看、帮扶责任"码"上管、帮扶事项"掌"上办，大幅提高了帮扶工作的时效度。

（一）运筹帷幄：打赢产业扶贫硬仗

脱贫攻坚战打响以来，驻村第一书记、工作队员及村"两委"干部深入本村对人力、环境和产业等资源进行摸排盘点、调查研究，摸清影响本村发展的各类因素，制定多举措积极推进脱贫攻坚工作。

立产业。发展产业是实现脱贫的根本之策。产业扶贫作为"造血""固血"的扶贫方式，能够取得立竿见影、持续稳定的效果。赤西村经过充分调研论证，与广西弋久丰农业科技有限公司合作，引进"海城区赤西村食用菌种植及加工产业扶贫项目"，投入近 400 万元新建食用菌种植基地，年产菌包 60 万包，仅种植项目产值就可达300 万元以上。该食用菌种植基地通过"公司＋合作社＋脱贫户"模式与脱贫户建立稳定的利益联结机制，为脱贫户提供收入可观的就业岗位。截至 2020 年底，基地超 60％的员工为脱贫户，此外，基地还吸纳了赤西全村和周边村屯农户入股资金 476 500 元，每年稳定分红43 720 元。

促消费。赤西村坚持将消费扶贫带动贫困人口脱贫增收作为主攻方向，因地制宜整合农业龙头企业资源，充分利用邻靠市区的区位优势，与当地电子商务龙头企业"北部湾商场"达成合作关系，搭建农产品电商线上平台，建成"赤西村电商运营中心"，推进农村电子商务物流体系与营销渠道建设，打通制约农业产业的难点和堵点，探索出一套消费扶贫带动村级集体经济发展的新模式。2018 年，赤西村结合本村实际，实施 10 亩"有机虾肽肥"海鲜生态红薯种植示范基地项目，并聚力打造"赤西生态红薯"品牌，通过电商平台等渠道积极开展线上线下销售，引起了社会各界广泛关注。赤西村的生态红薯一夜之间成了"网红"产品。2020年新冠疫情期间，赤西村通过与电商合作、在微信平台及北海主流媒体宣传推介等多种方式，对接社会各界帮助脱贫户销售瓜果约2.5万千克，鸡鸭5 000羽，帮助产业扶贫基地销售食用菌约2 500千克。赤西村通过电商平台面向全国线上销售赤西村及北海各地各类特色农产品，销量较传统模式成倍增长，促进村集体经济每年增收2万元以上。

强科技。脱贫摘帽前的赤西村，产业单一，经济落后，科技应用水平低。"十三五"以来，赤西村立足资源禀赋，抓重点、补短板、强弱项，以科技扶贫产业示范园建设为抓手，依托广西大学、广西农业科学院、北海市科技局、海城区科技局等科研力量，不断增强扶贫产业科技"造血"功能。赤西村通过建设科技创新基地，打造农村电商星创天地，组织农业专家、科技人员深入到村、户、田间地头开展种植养殖技术培训活动，为脱贫劳动力提供优质创业就业培训服务。

由于赤西村夏季气候炎热，而食用菌种植中大多数品种是中低温菌类，在夏季高温时期生长困难，制约了赤西食用菌产业的进一步发展。为解决这一产业发展难题，赤西村多方联系食用菌专家到现场指导生产，并根据北海的气候特点，调整种植品种。赤西村主要种植的食用菌品种有平菇、茶树菇、凤尾菇、秀珍菇、猪肚菇等，均采取立体高密度种植和平铺叠放遮阴两种科技含量较高的方式进行种植。赤西村还投资40万元引进了新技术"负压水帘降温技术"菇棚，利用水帘风机降温设备和设施技术，突破解决了夏季食用菌种植难题，大大提高了产品的品质及产值。

（二）步步为营：打赢村集体经济发展硬仗

过去赤西村农村集体经济弱、无钱办事，村"两委""有心无力"。发展壮大村集体经济，事关农村基层组织稳固，事关巩固脱贫富民成果，事关乡村振兴战略实施。赤西村通过开展"村企结对帮扶"等活动，实现农业增效、农民增收，推动该村的经济社会发展。2015 年至 2020 年，全村贫困户家庭稳定年人均纯收入由不足 3 000 元提升至 15 000 元，增长率达 400%；村集体经济收入由 10 万元提升至 23.4 万元，增长率达 134%。

建市场。 农贸市场是联系农产品生产者、经营者和消费者的重要平台。赤西村原旧农贸市场规划布局不合理，配套设施不完善，且经过 20 多年的运营，市场设施陈旧落后，安全隐患突出，市场硬件设施老化，极易发生安全事故；市场内异味严重，脏乱差现象突出。赤西村积极筹措村集体经济扶持发展资金 200 万元，在旧农贸市场原址上重新改扩建新的赤西村农贸市场，并制定了管理细则，由村委直接负责统一管理。新建的赤西村农贸市场建筑面积 989.5 平方米，共二层，设摊位 60 个，配套建设给排水管网、配电设施、停车场、卫生间等。一层农贸交易市场于 2018 年 11 月完成对外承包发包，村集体收入年均增加 10 万元，解决就业约 50 人。

筑平台。 改建后的赤西村农贸市场二层被打造成集线上和线下农业特色产品销售、展示为一体的电商运营中心，于 2019 年 12 月揭牌并正式投入使用。赤西村村委会与广西浦源昌盛商贸有限公司（北部湾商城电商平台）签订了《赤西村电商服务协议》。双方就构建"党建＋电商＋合作社＋农户"发展模式达成战略合作，主要依托赤西村独特的区位优势和资源优势，利用北部湾商城现有的平台优势、渠道优势，打造赤西村电商运营中心线上线下馆，整合赤西村及周边村农副产品和旅游资源进行深度开发，引导帮扶群众参与电商销售和从事电商产品生产供应。

引客流。 近年来，赤西村充分利用地处城郊的地理优势，通过招商引资发展特色产业，推进乡村旅游，盘活集体资产项目。2017 年，赤西村筹资 230 多万元建设 60 亩赤西村农家乐，配套餐饮、娱乐、休闲、停车场四大功能设施，建设了赤西农业公园、烧烤场、农事旧物展览馆、乡村农家食堂和观光池塘等。从 2018 年起，赤西村流转 350 亩土地，错时种植油菜花，并依托连片的油菜花举办了两届油菜

花旅游文化节,每年花期游客量均超 10 万人次。村民通过扶贫集市长廊销售农副产品、收取停车费等方式,直接经济收入增加 50 万元以上。赤西村以"发展全域旅游、建设最美乡村"为目标,进一步扩大赤西油菜花旅游在海城区乃至北海市的影响力,不断更新推出油菜花旅游系列产品,做旺全域赏花游、带动全域特色游,唱响以油菜花文化为主题的春季旅游品牌,提升"北海市乡村振兴示范村"美誉度、影响力,奋力打造市级乡村旅游及乡村振兴的示范和标杆。

(三)一鼓作气:打赢基础设施建设硬仗

过去的赤西村大多是瓦屋和平房,村中道路多是泥路,坑洼不平,排水不畅,经常污水横流、垃圾遍地。村里也无路灯,夜间出行极为不便。脱贫攻坚战打响以来,赤西村以抓实贫困村整改提升为契机,整合各类扶贫资金 2 000 多万元,加大基础设施建设力度,推动村庄道路和产业配套设施升级改造。2015 年以来,建设产业基地配套设施项目 13 个,拓宽并硬化村中道路 20 公里,修建排灌渠 15 公里,安装太阳能路灯 200 多盏,打抗旱井 37 口,建设赤西人饮工程、赤西大门、赤西税务花园和廉政花园等一批项目,村庄基础设施条件得到了极大改善。

二、乘利席胜:有效衔接"乡村振兴"

在 2016 年实现脱贫之后,赤西村马上着手巩固脱贫攻坚成效,积极贯彻落实"三员新九有"的要求,重点围绕"人、规、地、产、城"五要素,先行先试,制定了《赤西村村庄建设规划》,打造赤西田园综合体,创建北海市"乡村振兴示范村"。

(一)众志成城:整治环境美化人居

实施乡村振兴战略,加强农村人居环境整治是最基础、最直接、最有效的民生工程。农村美不美,环境好不好,直接关系到农民生活质量的提高。近年来，赤西村采取有力措施，不断加大对农村垃圾和污水治理、农村环境卫生日常管护、村容村貌提升等工作的统筹谋划，村民居住环境取得了较大改善。

整环境。赤西村制定了《赤西村环境卫生公约》等卫生管理制度，广泛发动群众开展环境卫生整治大行动，对赤西村主干道进行拓宽、修建（加盖）排水沟，铺设沥青路面，完善路标路牌，彻底解决了道路两旁污水横流的问题。赤西村扎实开展"三清三拆"，大力推进污水治理、改厨改厕、治危拆违等工作。驻村第一书记、工作队员及村"两委"干部、村民小组长、村党员和村民代表充分发挥党员先锋作用、干部带头作用，村民小组长和党员签订了自行先清先拆承诺书，发动村民组建赤西村劳务队等共同开展工作。发动群众主动投工投劳 20 000 多人次，折合资金 80 多万元，完成清理村庄垃圾2 000 多处，清理乱堆乱放杂物 600 多处，清除池塘 50 多亩、沟渠4 000 多米，拆除闲置危旧房、废弃猪舍茅房、残垣断壁等废弃建筑100 处，整理平整 50 多亩地用于土地增减挂钩项目。

造景观。赤西村大力实施村容绿化美化工程，种植了一批黄花风铃木，在人行道铺设花砖等。推进"三微"整治，整修搭建微田园、微菜园、微果园，在村里房前屋后建起微田园 30 多处、微菜园 50 多处、微果园 20 多处。邀请北海艺术院校师生，对赤西村主干道沿路墙体进行以"农耕文化、知青文化、乡贤文化"等为主题的创意彩绘，使原本简陋的砖头墙变身为形式新颖的彩绘墙。村中"农业公园"的景色更是五彩斑斓，种植了向日葵、格桑花、秋菊、百香果等多种观赏性、采摘类农作物，成为赤西村一片独特的风景。

（二）独具匠心：创新模式打造品牌

赤西村结合村情因地制宜制定发展规划，用好用足各项帮扶政策，系统谋划、整体推动，为发展壮大村集体经济提供组织引领和政策支撑。赤西村根据独特的资源禀赋、区位特点、产业优势，多措并举，盘活资源，创新走出了"扶贫＋旅游＋研学＋康养"模式。

定规划。规划是高质量发展的前提，是高标准建设的基础。赤西村根据国土空间和自然资源利用规划以及赤西村传统村落实际情况，在结合发展乡村旅游的要求和充分尊重村民意愿的基础上制定了《赤西村村庄建设规划》。规划充分盘活土地资源，统筹谋划村庄布局，将留住乡愁、保留地方特色与发展地方经济、增加农民收入紧密结合起来，将社区、景区、园区"三区"融合，构建旅游、观光、特色种植养殖等多业态发展空间，建设 400 亩田园风光园、50 亩农耕体验园和 12 亩赤西乡村旅游研学配套项目。

活资源。在节约成本投入的前提下，赤西村统筹考虑区位条件、资源禀赋、环境容量、产业基础和历史文化传承，选择适合本地实际的农村闲置宅基地和闲置住宅盘活利用模式。赤西村利用已有闲置民宅、农业生产配套用房、村委旧办公用房等资源，分别修缮建成 120 平方米的农事旧物展览馆、300 平方米的农家食堂和 900 平方米的休闲生态农耕康养中心，进一步完善了乡村旅游、健康养生、学生课外体验基地等旅游基础设施，节约建设资金超过 200 万元。

创品牌。赤西村油菜文化旅游节举办以来，赤西村的知名度和游客人数大增。赤西村顺势而为，积极培育周末亲子游精品路线，采取"合作社＋平台公司＋企业＋农户"模式，投入约 26 万元打造赤西"农耕学堂"，设置木棚教室、木廊道、温室大棚、工具间、水井、厕所等基础设施，可同步完成周边观赏性荷花田、马蹄田、空心菜田等配套农田建设，可同时容纳约 100 人参加农耕实践。课程设置有插秧实践、蔬菜采摘、摸鱼比赛、产业基地学习等，每年吸引 2 万多人度假研学。赤西周末亲子游、农耕文化农业科普研学体验、青少年户外拓展体验、非遗文化体验、旅游特色农产品等一系列项目，已成为城区乡村旅游一大品牌。

（三）趁热打铁：健全机制提升乡风

赤西村充分尊重乡村本位和农民主体地位，围绕农民需要提供文化服务，组织农民开展文化活动，大大提升村民素质和乡风文明程度。制定和完善《赤西村环境卫生公约》《赤西村卫生巡查制度》等卫生管理制度，加强对村庄保洁质量的量化考核。与全村 16 岁以上村民签署《环境卫生公约》，引导村民落实"门前三包"责任，充分发挥群众主体的参与作用。健全"一约四会"机制，扎实推进移风易俗。制定村规民约，成立了红白理事会、道德评议会、禁毒禁赌会、村民议事会，在村口设立赤西精神文明建设宣传栏，厉行节约、反对浪费在村里蔚然成风。村委还为村民定制各家专属的家训牌，营造家庭和睦、邻里友好的浓厚氛围。2019 年，全村共获评星级文明户 6 户、最美家庭 4 户，是海城区获得荣誉数量最多的村屯。现在的赤西村，回乡创业的多了，树更绿了，水更清了，村民的笑容多了，一个既有"颜值"，又有"品质"的赤西村展现在人们眼前。